Garen

bei Niedrigtemperatur

ZABERT
SANDMANN

Inhalt

Nur nichts anbrennen lassen!

Auf die sanfte (Tempera-)Tour

Gut Ding will Weile haben. Dieses häufig zitierte Sprichwort trifft besonders beim Niedrigtemperaturgaren den Kern der Sache. Die Vorteile dieser Zubereitungstechnik überzeugen immer mehr Köche. Wer sich Zeit nimmt beim Kochen und große Braten für besondere Gelegenheiten wie Familienfeiern zubereiten möchte, wird hervorragende Ergebnisse damit erzielen. Denn bei 80, 100 oder 120 °C werden Fleisch und Fisch wunderbar zart, behalten ihr Aroma und brauchen kaum Aufmerksamkeit. Wichtig ist allerdings, dass das Gargut vorher rundum angebraten wird, damit sich die Poren schließen und kein Fleischsaft austreten kann. Das Fleisch sollte rechtzeitig (etwa 1 bis 2 Stunden früher) aus dem Kühlschrank genommen werden, damit es Zimmertemperatur hat. Im Ofen wird es bei Ober- und Unterhitze – Umluft würde es zu sehr austrocknen – und ohne Deckel gegart. Optimal ist das Fleisch der Hitze ausgesetzt, wenn es auf dem Ofengitter liegt. Dann zum Auffangen des Bratensaftes ein Abtropfblech darunterschieben. Soll das Fleisch eine schöne Kruste bekommen, wird zum Schluss die Oberhitze oder der Grill zugeschaltet. Solange der Braten in der Röhre ist, können Sie sich ganz entspannt den restlichen Gängen des Menüs widmen. Denn: Anbrennen kann ja nichts!

1

PETERSILIE (links) ist die Würze Nummer 1 in der Küche. Die Blätter der glatten Petersilie sind aromatischer als die der krausen. Glatte Petersilie findet als Würzkraut vielseitige Verwendung, zum Beispiel in Saucen, Gemüsebeilagen oder Fleischfüllungen. Krause Petersilie kommt eher als Garnierung zum Einsatz.

1 **RINDFLEISCH** ist neben Schweinefleisch die beliebteste Fleischsorte in deutschen Küchen. Zum Schmoren sind besonders die großen durchwachsenen Stücke aus Schulter oder Bug, Nacken und das Roastbeef geeignet. Aber auch zarte Filets, die wenig bis keine Marmorierung aufweisen, trocknen beim langen, sanften Garen nicht aus. Wichtig: Rindfleisch muss gut abgehangen sein.

2

3

4

5

2 **MEERSALZ** wird von Spitzenköchen dem Kochsalz vorgezogen. Das edelste und teuerste ist Fleur de Sel, das naturbelassen in den Handel kommt und wegen seines würzig-aromatischen Geschmacks geschätzt wird.

3 **SPEISEPILZE** sind aufgrund ihrer Mannigfaltigkeit eine Bereicherung für jeden Speisezettel. Als Beilage zu Fleischgerichten werden Austernpilze, Pfifferlinge, Champignons oder Egerlinge gleichermaßen geschätzt.

4 **KRÄUTERBUTTER** gehört zu einem guten Stück Fleisch einfach dazu! Und ob mit Knoblauch, Basilikum, Thymian oder Estragon – selbst gemacht schmeckt sie am besten.

5 **KRÄUTER,** wie Rosmarin, Oregano oder Thymian, sind sehr würzig und haben ein intensives Aroma. Die Standardkräuter der mediterranen Küche verfeinern – sanft mitgegart – den Geschmack von Fleisch wie Fisch.

6

6 **KARTOFFELN** sind in Scheiben geschnitten und gebraten, als Püree, Salat oder Knödel die vielseitigste und beliebteste Nebensache zu allen Fleischgerichten.

BRATENTHERMOMETER oder Fleischthermometer werden zum Messen der Kerntemperatur bei großen Braten verwendet. Das Bratenthermometer wird so in die dickste Stelle des Fleischstücks gesteckt, dass der Fühler die Mitte erreicht und keinen Knochen berührt. Es bleibt während des Garprozesses im Braten – so können Sie am besten erkennen, wann das Bratgut gar ist. Wer das Fleisch nur durchgebraten mag, sollte den Angaben auf dem Thermometer folgen. Rosa gebratenes Rind- oder Lammfleisch hingegen hat eine Kerntemperatur von 58 bis 60 °C. Kalbfleisch benötigt etwa 60 bis 65 °C, Schweinefleisch etwa 65 °C und Wildfleisch etwa 60 °C. Geflügel wie Hähnchen sollte stets durchgebraten sein bei 82 bis 90 °C. Will man sich genau an die Rezepte halten, hat aber kein Vertrauen in seinen Backofen, nimmt man ein **OFENTHERMOMETER** zu Hilfe, das die exakte Temperatur im Backofen ermittelt.

Noch ein Wort zum Buch: Eingefleischte Fans des Niedrigtemperaturgarens halten 80 °C Ofentemperatur für die optimale Hitze. Bei einigen Fleischstücken wie Geflügel, das auf jeden Fall durchgegart verzehrt werden sollte, ist eine Temperatur von 100 °C (bei kleinen Stücken) oder 120 °C bei ganzen Vögeln sinnvoll. Ebenso sollte alles, was in Sauce oder Fond liegt, bei mehr als 80 °C gegart werden, da sonst die Flüssigkeit nicht einkochen kann. Es besteht dann keine Gefahr, dass das Fleisch austrocknet.

Step by Step

Rund um den guten Braten

Wer anderen einen Braten brät, sollte einige Tipps beherzigen, damit alles gelingt. Eine gute Sauce zum Beispiel, die beim Schmoren mit hohen Temperaturen durch das Austreten des Bratensafts entsteht, werden Sie beim Niedrigtemperaturgaren nicht erreichen. Der aromatische Bratensaft bleibt bei 80 °C nämlich im Fleisch und sorgt für den unvergleichlich zarten Geschmack. Wie Sie trotzdem zu einer intensiven Sauce kommen, sehen Sie unten. Diese lässt sich übrigens auch gut auf Vorrat zubereiten.

Haben Sie schon mal Geflügel zerlegt? Spätestens an Weihnachten, wenn Sie einen Gänsebraten auf den Tisch bringen wollen, sollten Sie wissen, wie es geht. Für einen guten Braten braucht man gutes Fleisch. Und das sollte auch gut vorbereitet werden: Beim sogenannten Parieren wird das Fleisch geputzt, d.h. von Fett, Haut und Sehnen befreit. Und während der Braten in Ruhe zur Perfektion reift, haben Sie Zeit für alles, was Sie dazu essen möchten: Kartoffelpüree, Brat- oder Salzkartoffeln, Gemüsebeilagen und vielleicht mal Safranrisotto.

Dunkle Sauce selbst machen

1 Auf einem mit Backpapier ausgelegten Blech 1 1/2 kg gehackte Kalbs- oder Rinderknochen bei 200 °C im Backofen auf der mittleren Schiene etwa 30 Minuten rösten.

2 1 Möhre, 2 Zwiebeln und 150 g Knollensellerie schälen und grob klein schneiden. Einen großen Topf erhitzen, 1 EL Zucker darin karamellisieren und das Gemüse dazugeben.

3 Das Gemüse mit dem Karamell verrühren und darin andünsten. 2 EL Tomatenmark unterrühren. Unter Rühren mitdünsten, bis es etwas Farbe an das Gemüse abgibt.

4 Mit 100 ml trockenem Rotwein ablöschen, unter gelegentlichem Rühren sirupartig einkochen lassen. Den Vorgang zweimal wiederholen, den Wein jeweils einkochen lassen.

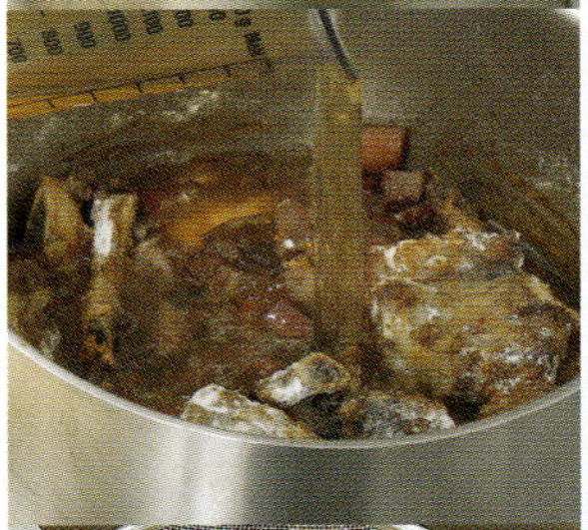

5 Die Knochen zum Weinsud geben und 1 TL Mehl darüberstäuben. 2 l Hühnerbrühe angießen, bis die Knochen bedeckt sind. Knapp unter dem Siedepunkt 2 Stunden garen.

6 Den Sud durch ein Sieb passieren. Dieser Fond kann als Basis für dunkle Saucen verwendet werden und mit Sahne, Rotwein, Kräutern und Gewürzen verfeinert werden.

Ente oder Gans tranchieren

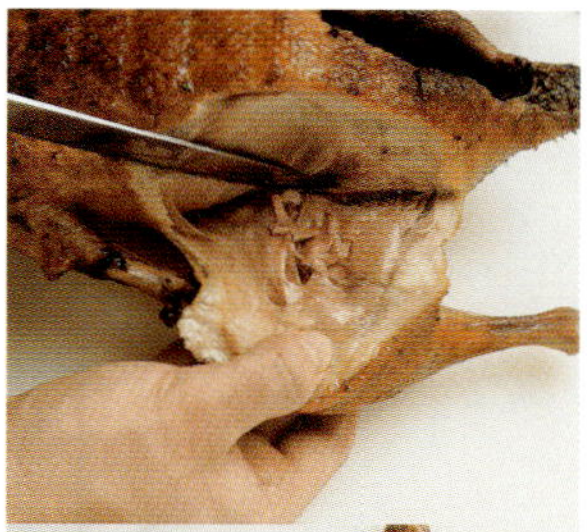

1 Bei großem Geflügel wie Ente oder Gans das Fleisch zwischen Oberschenkel und Rumpf durchschneiden und die Keule abbiegen.

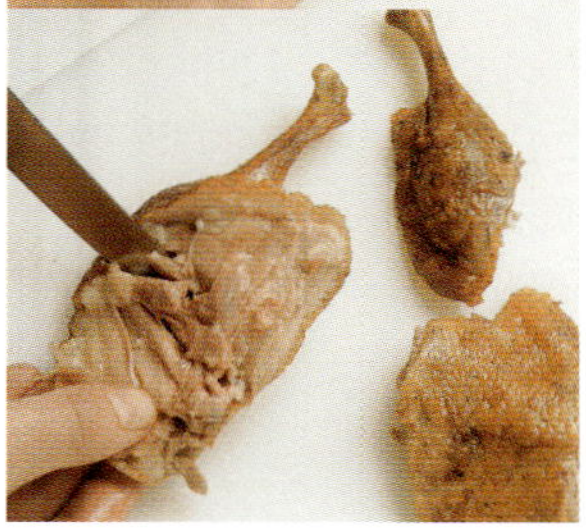

2 Das Gelenk durchtrennen. Beide Keulen auf diese Weise abtrennen und in Ober- und Unterschenkel teilen.

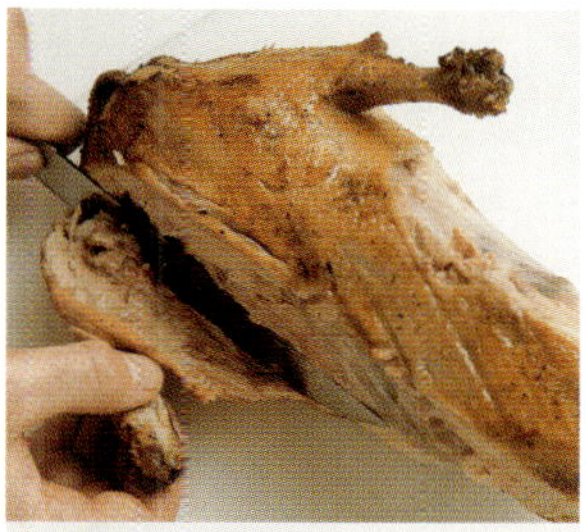

3 Die Flügel mit dem anhängenden Brustfleisch im Schultergelenk einschneiden, das Gelenk zur Seite biegen und die Flügel abtrennen.

4 Das Bruststück vom Rücken lösen. Das Fleisch mit einem langen Messer in Scheiben vom Knochengerüst schneiden.

Fleisch und Entenbrust vorbereiten

1 Fleischstücke werden vor der Zubereitung pariert (franz. parer = herrichten), d.h. von Fett, Haut und Sehnen befreit und das Stück gleichmäßig zurechtgeschnitten.

2 Die Haut der Entenbrust wird kreuzweise eingeschnitten, damit sich die Haut beim Braten nicht mit dem Fleisch zusammenzieht und alles gleichmäßig gart.

Safranrisotto zubereiten

1 Für 4 Personen als Beilage: 1 Zwiebel in Butter glasig dünsten und 250 g Rundkornreis dazugeben. Unter Rühren glasig dünsten.

2 Etwa 700 ml Fleischbrühe erhitzen und nach und nach mit einer Schöpfkelle zum Reis geben. Immer wieder einkochen lassen.

3 Safranfäden (1 Briefchen) in wenig Wasser auflösen und untermischen. Den Reis unter ständigem Rühren 10 Minuten ziehen lassen.

4 Wenn der Risotto cremig ist, mit Salz und Pfeffer würzen. Nach Belieben Butterstücke und geriebenen Parmesan unterrühren.

Schwein & Lamm

Glasierte Schweinefilets
mit Selleriegemüse

Für besondere Anlässe: Von Ihren Gästen werden Sie für diese ausgewogene Geschmackskreation bestimmt viel Lob ernten

Zutaten

Für das Filet:

2 Schweinefilets (à 380 g; Mittelstück ohne Filetkopf)

Salz · Pfeffer aus der Mühle

1 EL Öl

3 Zweige Thymian

1 EL Aceto balsamico

1 EL Zuckerrübensirup

Für das Gemüse:

1 weiße Zwiebel · 2 EL Butter

4 Aprikosen

300 g Knollensellerie

3 Zweige Rosmarin

200 ml Gemüsefond

100 g Crème double

Salz · Pfeffer aus der Mühle

Zucker

Außerdem:

500 g kleine festkochende Kartoffeln · Meersalz

Zubereitung

FÜR 4 PERSONEN

1 Für das Filet den Backofen auf 85 °C vorheizen. Die Schweinefilets mit Salz und reichlich Pfeffer würzen. Das Öl in einer Pfanne erhitzen und die Filets darin rundum anbraten. Thymian waschen und trocken schütteln. Mit dem Essig und dem Rübensirup dazugeben und die Filets glasieren, bis sie gleichmäßig mit der Flüssigkeit überzogen sind. Die Filets auf dem Ofengitter im Backofen 50 Minuten garen. Ein Backblech als Auffangschale unter das Gitter schieben.

2 Für das Gemüse die Zwiebel schälen, in feine Würfel schneiden und in einem Topf in 1 EL Butter andünsten. Die Aprikosen waschen, entsteinen, klein schneiden und mit der Zwiebel dünsten. Den Sellerie schälen und in 1/2 cm große Würfel schneiden. Rosmarin waschen, trocken schütteln und mit dem Sellerie zu den Aprikosen geben. Mit Gemüsefond ablöschen und den Sellerie 20 Minuten weich köcheln lassen. Wenn die Flüssigkeit fast verkocht ist, die restliche Butter und die Crème double unterrühren. Mit Salz, Pfeffer und Zucker abschmecken. Den Rosmarin entfernen.

3 Die Kartoffeln gut abbürsten und in der Schale in leicht gesalzenem Wasser 20 Minuten garen. 50 ml Kochwasser mit 1 kräftigen Prise Meersalz in eine Pfanne geben. Die Kartoffeln abgießen und dazugeben. So lange köcheln, bis das Wasser verdampft ist und sich kleine Salzkristalle um die Kartoffeln bilden.

4 Die Schweinefilets zum Servieren in Scheiben schneiden und mit dem Aprikosen-Sellerie-Gemüse und den Kartoffeln auf Tellern anrichten.

Schweinebraten
mit Bratkartoffeln

Wie in guten alten Zeiten: Zu einem saftigen Braten gehören natürlich knusprig gebratene Kartoffelscheiben

Zutaten

750 g festkochende Kartoffeln
Salz
3 Zwiebeln
7 Möhren (ca. 700 g)
1 kg Schweinenuss
1 EL Dijon-Senf
Pfeffer aus der Mühle
3 EL Öl
1 EL Tomatenmark
1 l Gemüsebrühe
1/2 EL Kräuter der Provence (getrocknet)
1 Lorbeerblatt
2 EL Butter
Zucker
2 EL Butterschmalz

Zubereitung

FÜR 4 PERSONEN

1 Die Kartoffeln in kochendem Salzwasser 15 bis 20 Minuten garen. In ein Sieb abgießen, abkühlen lassen und pellen. 2 Zwiebeln schälen und in feine Würfel schneiden. 3 Möhren putzen, schälen und in kleine Würfel schneiden.

2 Das Fleisch mit Senf bestreichen und mit Salz und Pfeffer würzen. Das Öl in einem Topf erhitzen und das Fleisch darin rundum kräftig anbraten. Den Backofen auf 120 °C vorheizen.

3 Zwiebel- und Möhrenwürfel zum Fleisch geben und kurz mitbraten. Tomatenmark, Brühe, Kräuter und Lorbeerblatt hinzufügen. Einmal aufkochen und den Braten im Backofen etwa 3 Stunden garen.

4 Die restlichen Möhren putzen und in Stifte schneiden. Die Butter erhitzen und die Möhren darin bissfest dünsten. Mit Salz, Pfeffer und Zucker würzen.

5 Etwa 20 Minuten vor Ende der Garzeit des Bratens die Kartoffeln in Scheiben schneiden. Die restliche Zwiebel schälen und in Streifen schneiden. Das Butterschmalz erhitzen und die Kartoffeln darin 10 Minuten knusprig braten, dabei ab und zu wenden. Zwiebelstreifen hinzufügen und kurz mitbraten. Bratkartoffeln salzen und pfeffern.

6 Das Fleisch aus dem Topf nehmen und in Alufolie gewickelt warm halten. Gemüse und Sauce noch etwas einkochen lassen. Die Sauce durch ein feines Sieb in einen Topf streichen. Die Sauce aufkochen, eventuell noch Wasser dazugießen und mit Salz und Pfeffer würzen.

7 Den Braten gegen die Faser in Scheiben schneiden und mit Möhren, Bratkartoffeln und Sauce servieren.

Schweinefilet
mit Wacholdersauce

Zutaten

1 EL Wacholderbeeren

Salz · Pfeffer aus der Mühle

600 g Schweinefilet
(pariert; aus dem Mittelstück)

2 EL Öl

1 Apfel

8 Knoblauchzehen

1/2 l Apfelsaft

200 ml Fleischbrühe

1 Lorbeerblatt

4 Zweige Thymian

100 g Sahne

1 EL Dijon-Senf

1 EL Honig

Zubereitung

FÜR 4 PERSONEN

1 Den Backofen auf 100 °C vorheizen. Die Wacholderbeeren im Mörser zerstoßen. Die Hälfte mit etwas Salz und Pfeffer vermengen und das Fleisch damit würzen. Das Öl in einer Pfanne erhitzen und das Fleisch darin rundum braun anbraten. Herausnehmen und im vorgeheizten Ofen auf dem Gitter mit einem Abtropfblech darunter 45 bis 50 Minuten rosa garen.

2 Den Apfel schälen, vierteln, entkernen und in Spalten schneiden. Die Knoblauchzehen in der Schale andrücken.

3 Den Bratensatz in der Pfanne mit Apfelsaft und Brühe ablöschen. Das Lorbeerblatt dazugeben und die Flüssigkeit auf die Hälfte einkochen lassen. Thymian waschen und trocken schütteln. Sahne, restlichen Wacholder, Apfelspalten, Thymian und Knoblauch dazugeben. Etwa 5 Minuten sanft köcheln lassen. Mit Senf, Honig, Salz und Pfeffer abschmecken. Das Lorbeerblatt entfernen.

4 Das Filet aus dem Ofen nehmen. In Scheiben schneiden und mit der Wacholder-Apfel-Sauce servieren. Nach Belieben Kartoffelpüree (siehe S. 40) dazu reichen.

Schweinebraten
mit Pilzrahmsauce

Zutaten

50 g getrocknete Shiitake-Pilze
6 Schalotten
1/2 Bund Thymian
1 1/2 kg Schweineschulter
(ohne Knochen und Schwarte)
1 EL scharfer Senf
Pfeffer aus der Mühle
2 EL Öl
1/2 l Kalbsfond
100 g Sahne
100 g Crème fraîche
Salz
rosa Pfefferbeeren

Zubereitung

FÜR 6 PERSONEN

1 Pilze nach Packungsanweisung etwa 30 Minuten einweichen. In ein Sieb abgießen und die Flüssigkeit dabei auffangen. Die Pilze ausdrücken und in Scheiben schneiden.

2 Den Backofen auf 100 °C vorheizen. Die Schalotten schälen und vierteln. Den Thymian waschen und trocken schütteln. Das Fleisch mit Senf einstreichen und mit Pfeffer würzen. Das Öl in einem Bräter erhitzen und das Fleisch darin rundum anbraten. Die Zwiebeln dazugeben und kurz mitbraten.

3 Das Fleisch im vorgeheizten Ofen etwa 30 Minuten schmoren lassen. Dann 100 ml Pilzfond und den Kalbsfond angießen. Den Thymian dazugeben und weitere 3 1/2 bis 4 Stunden schmoren lassen. Den Braten dabei immer wieder mit der Sauce begießen.

4 Das Fleisch herausnehmen und in Alufolie gewickelt ruhen lassen. Die Pilze sowie die Sahne in die Sauce geben und einköcheln lassen. Crème fraîche unterrühren und mit Salz und rosa Pfefferbeeren abschmecken. Das Fleisch in Scheiben schneiden und mit der Pilzrahmsauce servieren.

Schweinefilet
in Aprikosensauce

Früchte des Sommers: Schmecken nicht nur pur gut, sondern sind auch in einer Sauce zu Fleischgerichten eine interessante Komponente

Zutaten

1 Stück frischer Ingwer (ca. 2 cm)
400–450 g Aprikosen
ca. 800 g Schweinefilet
Salz · Pfeffer aus der Mühle
1 Zweig Rosmarin
1 EL Butterschmalz
4 EL Aprikosenlikör
1 EL Puderzucker
30 g Butter
2 TL Speisestärke

Zubereitung

FÜR 4 PERSONEN

1 Den Backofen auf 85 °C vorheizen. Den Ingwer schälen und fein hacken. Die Aprikosen waschen, entsteinen und vierteln. Das Schweinefilet salzen, pfeffern und mit Ingwer einreiben. Den Rosmarin waschen und trocken schütteln. Das Butterschmalz erhitzen und das Schweinefilet darin mit dem Rosmarin 6 bis 7 Minuten rundum anbraten. Im vorgeheizten Ofen auf dem Ofengitter mit einem Abtropfblech darunter etwa 1 Stunde garen.

2 Das Bratfett mit 100 ml Wasser ablöschen, den Aprikosenlikör dazugeben und 2 bis 3 Minuten einkochen lassen. Puderzucker in einer Pfanne hellbraun karamellisieren und mit der Butter zu der Sauce geben. Die Aprikosen hinzufügen und alles erhitzen. Die Speisestärke mit wenig kaltem Wasser glatt rühren und in die Sauce rühren. Einmal aufkochen lassen und die Sauce mit Salz und Pfeffer abschmecken.

3 Das Schweinefilet aus dem Ofen nehmen, schräg in Scheiben schneiden und mit der Aprikosensauce servieren. Dazu passt Baguette. Nach Belieben mit Minzeblättern garnieren.

Tipp

Wenn Sie sichergehen wollen, dass das Fleisch gleichmäßig gart, sollten Sie 2 Filets aus dem Mittelstück à 400 g nehmen. Bei einem großen Filet sind die Enden meist dünner als der Rest des Fleisches.

Spanferkelrollbraten
mit Wurzelgemüse

Zutaten

$1\,^1/_2$ kg Spanferkelrollbraten

8 Scheiben Toastbrot (vom Vortag)

1 Bund Rosmarin

2 Knoblauchzehen

1 Bund Frühlingszwiebeln

2 Stangen Lauch

3 Petersilienwurzeln

6 Baby-Möhren

$^1/_4$ Sellerieknolle

$^1/_2$ Bund Thymian

6 EL Olivenöl

Salz · Pfeffer aus der Mühle

$^1/_2$ l Fleischbrühe

Zubereitung

FÜR 6 PERSONEN

1 Den Spanferkelbraten auseinanderrollen. Das Toastbrot entrinden und im Küchenmixer zu Bröseln zerkleinern. Rosmarin waschen, trocken schütteln, die Nadeln von $^1/_2$ Bund abzupfen und hacken. Knoblauch schälen und hacken.

2 Frühlingszwiebeln und Lauch putzen, waschen und in etwa 8 cm lange Stücke schneiden. Petersilienwurzeln, Möhren und Sellerie schälen. Sellerie in Stücke schneiden, Petersilienwurzeln, falls nötig, längs vierteln. Thymian waschen und trocken schütteln.

3 Toastbrot mit gehacktem Rosmarin, Knoblauch und 4 EL Olivenöl vermischen. Mit Salz und Pfeffer würzen und auf den Rollbraten streichen. Einrollen und mit Küchengarn zusammenbinden. Den Backofen auf 120 °C vorheizen.

4 Petersilienwurzeln, Möhren und Sellerie in 2 EL Öl im Bräter andünsten. Das Fleisch salzen und pfeffern, auf das Gemüse legen. Im Ofen etwa 2 Stunden garen. Nach etwa 30 Minuten die Brühe angießen. 1 Stunde vor Garzeitende Lauch, Frühlingszwiebeln und Kräuter dazugeben. Für eine schöne Kruste den Rollbraten zum Schluss 15 Minuten knusprig grillen.

Schweinebauchröllchen
mit Tomatenpesto

Zutaten

2 EL getrocknete Tomaten
4 Tomaten
2 Schalotten
2 Knoblauchzehen
4 EL Olivenöl
Meersalz · Pfeffer aus der Mühle
4 Scheiben Schweinebauch
(ca. 1 1/2 cm dick)
2 Zweige Rosmarin
200 g passierte Tomaten
(aus der Dose)
200 ml Fleischbrühe
2 EL gehackte Petersilie

Zubereitung

FÜR 2 PERSONEN

1 Die getrockneten Tomaten klein hacken. Frische Tomaten überbrühen, häuten, vierteln, entkernen und in Würfel schneiden. Schalotten und Knoblauch schälen und klein schneiden.

2 Schalotten und Knoblauch in 2 EL heißem Öl andünsten. Frische und getrocknete Tomaten dazugeben und unter Rühren etwa 20 Minuten köcheln lassen. Etwas abkühlen lassen, mit Salz und Pfeffer würzen und etwa die Hälfte auf die Schweinebauchscheiben streichen. Einrollen und mit Holzspießchen feststecken. Salzen, pfeffern und in restlichem Öl rundum anbraten. Rosmarin waschen und trocken schütteln. Die Nadeln von 1 Zweig abzupfen und fein hacken. Den Backofen auf 120 °C vorheizen.

3 Das Fleisch herausnehmen und restliches Pesto mit passierten Tomaten und Brühe in den Topf geben. Einmal aufkochen lassen, gehackte Kräuter dazugeben und in eine Auflaufform füllen. Schweinebauch und den Rosmarinzweig daraufsetzen und im Ofen etwa 1 1/2 Stunden garen. Dabei die Röllchen ab und zu mit der Sauce übergießen. Die Sauce abschmecken und das Fleisch nach Belieben mit Weißbrot servieren.

Schweinefilet im Kohlblatt
mit glasierten Tomaten

Doppelt verpackt hält besser: Die Füllung gibt dem Filet die würzige Note, die Teighülle gibt allem die richtige Form

Zutaten

Für das Schweinefilet:

6 kleine dunkelgrüne Wirsingblätter (ersatzweise Spinat oder Mangold) · Salz

1/2 Bund Frühlingszwiebeln

2 kleine rohe Bratwürste (oder 100 g Bratwurstbrät)

1 EL gehackte gemischte Kräuter (z. B. Petersilie, Rosmarin und Majoran)

1 EL gehackte Walnüsse

1 Eigelb

Pfeffer aus der Mühle

450 g Tiefkühl-Blätterteig

1 kg Schweinefilet

2 EL Öl

1 Eiweiß zum Bestreichen

Milch zum Bestreichen

Für die glasierten Tomaten:

20 kleine Cocktailtomaten

1 EL Butter · 1 TL Zucker

Salz · Pfeffer aus der Mühle

1 EL Aceto balsamico

75 ml Kalbsfond oder Fleischbrühe

Zubereitung

FÜR 4 PERSONEN

1 Wirsingblätter waschen, dicke Blattrippen flach schneiden oder keilförmig herausschneiden. Den Wirsing in kochendem Salzwasser 3 Minuten blanchieren, kalt abschrecken und auf einem Küchentuch abtropfen lassen. Frühlingszwiebeln putzen, waschen und sehr klein schneiden. Bratwurstmasse in eine Schüssel drücken, Kräuter, Nüsse, Eigelb und Frühlingszwiebeln unterrühren, sodass eine cremige Masse entsteht. Falls die Masse zu trocken ist, etwas Sahne oder Milch dazugeben. Mit Salz und Pfeffer würzen.

2 Die Blätterteigplatten nebeneinander auftauen lassen, dann übereinanderlegen und zu einem Rechteck ausrollen (Länge wie Filetlänge, Breite wie doppelter Filetumfang). Den Backofen auf 100 °C vorheizen. Das Schweinefilet salzen und pfeffern. Das Öl erhitzen und das Fleisch darin 5 bis 7 Minuten rundum anbraten. Herausnehmen und abkühlen lassen.

3 Die Hälfte der Bratwurstmasse als Streifen seitlich auf den Teig streichen, etwa so breit, wie der Umfang des Filets ist. Die Wirsingblätter darauflegen und die restliche Bratwurstmasse daraufstreichen. Das Filet darauflegen und in den Teig rollen. Das Teigende mit Eiweiß bestreichen und festdrücken. Das Filet mit einer Nadel mehrfach einstechen, auf ein Backblech setzen, mit Milch bestreichen und im Ofen etwa 60 bis 80 Minuten backen. Die Temperatur in den letzten 10 Minuten auf 240 °C (Oberhitze) erhöhen und das Filet bräunen. Das Filet vor dem Anschneiden noch 10 Minuten ruhen lassen.

4 Die Tomaten waschen und trocken tupfen. Die Butter zerlassen, die Tomaten darin schwenken und mit dem Zucker bestreuen. Salzen, pfeffern und leicht karamellisieren. Tomaten herausnehmen, Essig und Fond angießen und die Sauce abschmecken. Die Tomaten darin warm halten. Das Filet in Scheiben schneiden und mit Tomaten und Sauce anrichten. Dazu passt Kartoffelpüree oder geröstetes Weißbrot.

Spanferkelkeule

mit Knoblauch

Zutaten

2 Knoblauchzehen

2 cl Brandy

150 ml trockener Weißwein

1 1/2 kg Spanferkelkeule (mit Schwarte)

Salz · Pfeffer aus der Mühle

2 EL Schweineschmalz oder Butterschmalz

Pinien- oder Kiefernzweige

1 Knoblauchknolle

Zubereitung

FÜR 4–6 PERSONEN

1 Den Backofen auf 100 °C vorheizen. Die Knoblauchzehen schälen, fein hacken und mit Brandy und Wein zu einer Marinade vermischen. Die Schwarte der Spanferkelkeule rautenförmig einschneiden. Das Fleisch salzen und pfeffern.

2 Das Schmalz in einem Bräter erhitzen und die Keule darin rundum 6 bis 7 Minuten gut anbraten, dann herausnehmen. Pinien- oder Kiefernnadeln waschen, trocken schütteln, in den Bräter geben und das Fleisch darauflegen. Die Knoblauchknolle im Ganzen hinzufügen.

3 Die Spanferkelkeule im vorgeheizten Backofen 3 bis 3 1/2 Stunden braten, dabei öfters mit der Knoblauchmarinade bestreichen. Zum Schluss den Grill einschalten und die Spanferkelkeule 10 bis 15 Minuten knusprig bräunen.

4 Das Fleisch in Scheiben schneiden und mit Bratkartoffeln servieren. Die Knoblauchknolle zerdrücken und das weiche Mus mit dem Fleisch genießen.

Schweinerücken
mit Kräuterfüllung

Zutaten

1 1/2 kg Schweinerücken
50 g Parmesan
je 2 EL gehackter Rosmarin und Thymian
4 EL gehackte Petersilie
1 TL abgeriebene unbehandelte Zitronenschale
1 TL gemahlener Fenchelsamen
50 g Semmelbrösel
50 g weiche Butter
1 Ei
Salz · Pfeffer aus der Mühle
2 EL Olivenöl

Zubereitung

FÜR 4–6 PERSONEN

1 In das Fleisch der Länge nach mit einem spitzen, langen Messer eine etwa 5 cm breite Öffnung stechen.

2 Den Parmesan reiben. Rosmarin, Thymian und Petersilie mit Zitronenschale, Fenchelsamen, Semmelbröseln, Parmesan, Butter und Ei verrühren. Mit Salz und Pfeffer würzen. Die Kräuterpaste mithilfe eines Spritzbeutels oder eines Gefrierbeutels, bei dem eine Ecke abgeschnitten ist, in die Bratenöffnung füllen.

3 Das Fleisch salzen und pfeffern. Den Backofen auf 100 °C vorheizen. Das Öl in einem Bräter erhitzen und den Braten rundum etwa 8 Minuten kräftig anbraten. Im vorgeheizten Backofen etwa 4 Stunden garen. Falls nötig, etwas Wasser angießen.

4 Den Schweinebraten aus dem Ofen nehmen und in Scheiben schneiden. Dazu passt gedünstetes Zucchinigemüse.

Lammrücken
mit lauwarmem Bohnensalat

Nicht nur zu Ostern: Zartes Lamm und weiße Bohnen sind zu jedem kulinarischen Anlass ein perfektes Paar

Zutaten

2 Lammrückenstränge
(à 200 g; küchenfertig)
Salz · Pfeffer aus der Mühle
3 EL Olivenöl
1 Bund Rosmarin
1/2 Bund Salbei
1/4 Bund Basilikum
1 Knoblauchzehe
250 g weiße Bohnen
(aus dem Glas)
2 Frühlingszwiebeln
150 ml Gemüsebrühe
1 EL Weißweinessig
1 EL Szechuanpfeffer
5 cl Cognac

Zubereitung

FÜR 2 PERSONEN

1 Den Backofen auf 85 °C vorheizen. Die Lammrückenstränge mit Salz und Pfeffer würzen und in 1 EL Olivenöl von allen Seiten gut anbraten. Die Kräuter waschen und trocken schütteln. Die Lammrücken auf das Ofengitter geben und mit Kräutern und der angedrückten Knoblauchzehe belegen. Ein Backblech als Auffangschale unter das Gitter schieben. Das Fleisch im Ofen etwa 50 Minuten rosa garen.

2 Die Bohnen in ein Sieb abgießen, mit lauwarmem Wasser waschen und abtropfen lassen. Die Frühlingszwiebeln putzen, waschen, schräg in Scheiben schneiden und in 1 EL Olivenöl andünsten. Mit der Gemüsebrühe ablöschen, aufkochen lassen, die Bohnen dazugeben und einmal durchschwenken. Mit Salz würzen und mit Weißweinessig sowie etwas Olivenöl zu einem lauwarmen Bohnensalat abschmecken.

3 Die Bohnen mit der Marinade in einen tiefen Teller geben. Den Lammrücken zwischen den Rippen in Scheiben schneiden. Auf dem Bohnensalat anrichten.

4 Den Szechuanpfeffer in einem kleinen Topf oder einer Pfanne ohne Zugabe von Fett etwa 1 Minute leicht rösten. Vom Herd nehmen und abkühlen lassen. Schräg stellen, den zimmerwarmen Cognac hineingießen und anzünden. Die Pfanne einmal schwenken und den so flambierten Pfeffer über das Lamm verteilen. Dazu passt frisches Weißbrot.

Geschmorte Lammkeule
mit Gemüse

Macht sich fast von selbst: Wenn die Keule erst mal im Ofen ist, braucht sie nur noch ab und zu ein wenig Aufmerksamkeit

Zutaten

4 Knoblauchzehen
2 Möhren
1/2 Stange Lauch
2 Zwiebeln
2 Zweige Rosmarin
4 frische Lorbeerblätter
4 EL Olivenöl
100 ml Rotwein
600 ml Lammfond
1 Lammkeule
(ca. 2 kg; mit Knochen)
Salz · Pfeffer aus der Mühle

Zubereitung

FÜR 6 PERSONEN

1 Die Knoblauchzehen in der Schale andrücken. Möhren putzen, schälen und in Stifte schneiden. Lauch putzen, waschen, längs halbieren und in etwa 6 cm lange Stücke schneiden. Die Zwiebeln schälen und in Streifen schneiden. Rosmarin und Lorbeerblätter waschen und trocken tupfen.

2 Die Hälfte des Olivenöls in einem Bräter erhitzen und das Gemüse darin andünsten, mit Rotwein und Lammfond ablöschen. Die Kräuter dazugeben.

3 Den Backofen auf 120 °C vorheizen. Die Lammkeule salzen, pfeffern und im restlichen Olivenöl rundum anbraten. Auf das Gemüse setzen und im vorgeheizten Ofen 3 Stunden schmoren lassen. Dabei das Fleisch immer wieder mit Bratfond begießen. Falls nötig, noch etwas Wasser hinzufügen.

4 Nach Ende der Garzeit das Fleisch herausnehmen und in Alufolie gewickelt ruhen lassen. In der Zwischenzeit den Fond etwas einköcheln lassen. Mit Salz und Pfeffer abschmecken. Die Keule auslösen und das Fleisch in Scheiben schneiden. Mit der Sauce und dem Gemüse servieren. Dazu passen im Ofen gebackene Kartoffelspalten oder Kartoffelgratin.

Tipp

Zu Lamm schmecken sehr gut grüne Bohnen. Dafür 500 g Bohnen putzen, in Salzwasser 12 bis 15 Minuten blanchieren, abschrecken und abtropfen lassen. In Butter schwenken, mit Salz und Pfeffer würzen.

Lammsteak
mit Tomatengemüse

Zutaten

30 g getrocknete Tomaten

700 g Tomaten

3 kleine Zwiebeln

4 Lammsteaks (à 150 g)

Salz · Pfeffer aus der Mühle

2 EL Olivenöl

2 TL frische Rosmarinnadeln

2 EL Aceto balsamcio

Zucker

Zubereitung

FÜR 4 PERSONEN

1 Die getrockneten Tomaten fein hacken. Die frischen Tomaten kurz mit kochendem Wasser überbrühen, abschrecken, häuten, vierteln und entkernen. Die Zwiebeln schälen und in Spalten schneiden.

2 Den Backofen auf 80 °C vorheizen. Die Lammsteaks waschen, trocken tupfen und mit Salz und Pfeffer würzen. Das Olivenöl in einer Pfanne erhitzen, die Steaks darin etwa 4 Minuten rundum anbraten. Nach der Hälfte der Bratzeit den Rosmarin hinzufügen.

3 Die Steaks auf dem Ofengitter 25 Minuten im Ofen fertig garen. Ein Backblech als Auffangschale darunterschieben.

4 In der Zwischenzeit die Zwiebeln im Bratfett andünsten. Die getrockneten und die frischen Tomaten hinzufügen, mit Salz und Pfeffer würzen und zugedeckt bei schwacher Hitze etwa 6 Minuten köcheln lassen. Mit Essig und Zucker abschmecken. Die Steaks mit dem Tomatengemüse anrichten. Nach Belieben mit Basilikumblättern garnieren. Dazu schmeckt frisches Weißbrot oder Baguette.

Lammrücken
mit Rosmarin

Zutaten

1 Möhre
1 Schalotte
1 Tomate
350 g Lammrücken (ausgelöst)
Salz · Pfeffer aus der Mühle
2 EL Öl
4 Knoblauchzehen
1 Zweig Rosmarin
200 ml Lammfond
2 Nelken
4 Wacholderbeeren
400 g kleine Kartoffeln

Zubereitung

FÜR 2 PERSONEN

1 Möhre schälen und in Stifte schneiden. Schalotte schälen und in Streifen schneiden. Tomate waschen, vierteln, Stielansatz entfernen und die Tomate in Würfel schneiden. Den Backofen auf 90 °C vorheizen.

2 Die Schwarte des Lammrückens rautenförmig einschneiden. Salzen und pfeffern. Das Öl erhitzen und den Lammrücken auf der Hautseite darin anbraten, umdrehen und herausnehmen. Im Ofen auf dem Ofengitter mit Abtropfblech darunter 40 bis 50 Minuten rosa garen.

3 Knoblauchzehen in der Schale andrücken. Rosmarin waschen, trocken schütteln und die Nadeln abzupfen. Knoblauch, Möhren und Schalotte im Bratfett andünsten. Tomate dazugeben und mit Fond ablöschen. Rosmarin, Nelken und Wacholder hinzufügen und zugedeckt etwa 20 Minuten schmoren lassen. Wacholder und Nelken wieder entfernen und das Gemüse mit Salz und Pfeffer abschmecken.

4 Kartoffeln schälen und in Salzwasser etwa 20 Minuten gar kochen. Das Lamm etwa 3 Minuten ruhen lassen und in Scheiben schneiden. Mit Gemüse, Sauce und Kartoffeln servieren.

Ossobuco vom Lamm
mit Rosmarin-Focaccia

In Italien heiß geliebt: Das Schmorgericht wird eigentlich mit Kalbsbeinscheiben zubereitet – probieren Sie mal diese Variante

Zutaten

Für das Fleisch:

8–12 Beinscheiben von der Lammhaxe (vom Metzger schneiden lassen)

Salz · Pfeffer aus der Mühle

2–3 EL Mehl

4 Knoblauchzehen

2 weiße Zwiebeln

2 EL Öl · 2 EL Tomatenmark

100 ml Rotwein

100 ml roter Portwein

1 Bund Rosmarin

600 g Eiertomaten (aus der Dose) · 2 Lorbeerblätter

Für die Focaccia:

1/2 Würfel Hefe (21 g)

350 g Mehl · 1 EL Honig

Salz · 1 EL Olivenöl

Außerdem:

1 EL Butter

1 EL abgeriebene unbehandelte Zitronenschale

2 EL Kapern oder Kapernäpfel

Zubereitung

FÜR 4 PERSONEN

1 Die Beinscheiben waschen, trocken tupfen und mit Salz und Pfeffer würzen. Im Mehl wenden. 2 Knoblauchzehen und die Zwiebeln schälen und fein hacken.

2 Den Backofen auf 120 °C vorheizen. Das Öl in einem Bräter erhitzen und die Beinscheiben darin auf beiden Seiten anbraten. Knoblauch und Zwiebeln kurz mitbraten. Das Tomatenmark dazugeben, mit Rotwein und Portwein ablöschen und köcheln lassen, bis der Wein verdampft ist.

3 Den Rosmarin waschen und trocken schütteln. Die Eiertomaten sowie die Hälfte des Rosmarins und die Lorbeerblätter dazugeben. Die Beinscheiben darin zugedeckt 1 1/2 bis 2 Stunden garen. Herausnehmen und auf dem Herd warm halten.

4 Für die Focaccia die restlichen Rosmarinblätter abzupfen und fein hacken. Die Hefe in 175 ml lauwarmem Wasser auflösen und mit Mehl, Honig, 1 TL Salz, Olivenöl und dem fein gehackten Rosmarin zu einem elastischen Teig kneten. Den Teig 20 Minuten gehen lassen und erneut durchkneten.

5 Die Temperatur des Backofens auf 200 °C hochschalten. Aus dem Teig kleine Portionen (etwa 4 bis 6) abnehmen, zu Kugeln rollen und zu kleinen Fladen flach drücken. Auf Backpapier nochmals gehen lassen und im vorgeheizten Ofen etwa 8 Minuten backen.

6 Die restlichen Knoblauchzehen schälen und fein hacken. Die Butter in einer Pfanne mit Zitronenschale, Knoblauch und Kapern aufschäumen lassen.

7 Das Lamm-Ossobuco auf Teller verteilen, die Kapernbutter darübergeben und das noch warme Brot dazu servieren.

Lammrouladen
im Speckmantel

Fleisch 'n' Roll: Mit einer würzigen Käse-Spinat-Füllung und in Wein gelegt können die Rouladen ganz in Ruhe garen

Zutaten

70 g Spinat (tiefgekühlt)
70 g Parmaschinken
1 Zwiebel
70 g Schafskäse
1/2 Bund Schnittlauch
1 Ei · 2–3 EL Semmelbrösel
2 kleine Knoblauchzehen
1/2 TL abgeriebene unbehandelte Zitronenschale
1 EL Oregano
Salz · Pfeffer aus der Mühle
800 g Lammfleischrouladen (aus der Brust)
12 Scheiben Bacon (Frühstücksspeck)
2 EL Öl
200 ml Weißwein
1–2 Zweige Rosmarin

Zubereitung

FÜR 4 PERSONEN

1 Den Spinat auftauen und abtropfen lassen. Restliches Wasser mit den Händen ausdrücken. Parmaschinken in feine Würfel schneiden. Die Zwiebel schälen und in Würfel schneiden. Den Schafskäse klein schneiden oder zerbröckeln. Den Schnittlauch waschen, trocken schütteln und in Röllchen schneiden.

2 Spinat und Schinkenwürfel in eine Schüssel geben. Zwiebelwürfel, Schafskäse, Schnittlauch, Ei und Semmelbrösel dazugeben. Die Knoblauchzehen schälen, grob hacken und mit 1/2 TL Salz zerreiben. Knoblauch, Zitronenschale und Oregano zur Füllung geben und alles gut vermischen. Mit Salz und Pfeffer abschmecken.

3 Die Lammrouladen zwischen zwei Lagen Frischhaltefolie etwas flach klopfen und mit Salz und Pfeffer würzen. Die Füllung gleichmäßig auf den Rouladen verteilen. Das Fleisch aufrollen und mit Bacon umwickeln.

4 Den Backofen auf 120 °C vorheizen. Das Öl in einem Bräter erhitzen und das Fleisch darin 4 Minuten rundum anbraten. Den Wein dazugeben und einmal aufkochen. Rosmarin waschen, trocken schütteln und hinzufügen. Die Rouladen im Ofen etwa 2 Stunden garen. Ab und zu mit Wein begießen.

5 Zum Servieren die Rouladen in Scheiben schneiden und mit Kartoffelpüree (siehe S. 40) oder Polenta servieren.

Tipp

Polenta – der italienische Maisbrei – geht ganz leicht: 250 g Polenta in 1 l Salzwasser unter Rühren nach Packungsanweisung zubereiten. Nach Belieben Butter und geriebenen Parmesan unterrühren.

Kalb & Rind

Rosa Kalbsfilet
mit Kürbiscreme und Spinat

Für mehr als zwei Genießer: Wenn Sie diese besondere Kreation als Vorspeise servieren, werden Gourmetherzen höherschlagen

Zutaten

Für das Fleisch:

350 g Kalbsfilet (7 cm dick)

Salz · Pfeffer aus der Mühle

1 EL Olivenöl

1 TL Kakaopulver

1 Msp. Chilipulver

1 EL Butter

Für den Kürbis:

250 g Muskatkürbis · 1 TL Butter

200 ml Kokosmilch

Salz · Pfeffer aus der Mühle

Saft von 1/2 Limette

Für den Teig:

100 g Strudelteig (aus dem Kühlregal)

50 g zerlassene Butter

Meersalz · grobes Chilipulver

Für die Beilage:

200 g junger Spinat oder Feldsalat

2 EL Olivenöl

1 EL Balsamico bianco

1 TL Honig

Zubereitung

FÜR 2 PERSONEN

1 Für das Fleisch den Backofen auf 85 °C vorheizen. Das Kalbsfilet mit Salz und Pfeffer würzen. Das Olivenöl erhitzen und das Fleisch darin rundum anbraten. Kakaopulver mit dem Chili mischen und das Filet darin wälzen. Auf dem Ofengitter im Backofen 1 Stunde garen. Ein Backblech als Auffangschale unter das Gitter schieben. Die Kerntemperatur sollte 60 bis 65 °C (mit dem Bratenthermometer messen) betragen.

2 Den Kürbis schälen, entkernen, in kleine Würfel schneiden und in der Butter andünsten. Mit Kokosmilch ablöschen und 10 Minuten köcheln lassen. Dann im Küchenmixer fein pürieren und mit Salz, Pfeffer und Limettensaft abschmecken.

3 Für den Teig die Backofentemperatur auf 200 °C (Umluft) erhöhen. Den Strudelteig auf ein gefettetes Backblech legen und mit zerlassener Butter bestreichen. Etwas Meersalz und Chili darüberstreuen. Den Teig im Ofen 5 bis 8 Minuten goldbraun backen. Abkühlen lassen und in kleine Stücke brechen.

4 Für die Beilage den Spinat oder Feldsalat waschen und trocken schleudern. Olivenöl, Balsamico und Honig verrühren und den Salat damit marinieren.

5 Für das Fleisch die Butter in einer Pfanne aufschäumen und das Kalbsfilet nach dem Garen darin schwenken. In dünne Scheiben schneiden. Die Kürbiscreme auf Teller verteilen und Filetscheiben, Strudelblätter und Spinat abwechselnd übereinanderschichten.

Kalbsrücken mit Garnelenkruste

Macht bei Gästen richtig Eindruck: Der feine Kalbsrücken wird noch mit einer interessanten Garnelenkruste veredelt

Zutaten

Für das Fleisch:
40 g geräucherter Bauchspeck
5 geschälte Garnelen (küchenfertig)
60 g Hähnchenbrustfilet · Salz
100 g kalte Sahne
4 Zweige Thymian
Zitronensaft
Pfeffer aus der Mühle
4 Scheiben Kalbsrücken (à 160 g; 3 cm dick)
1 EL Olivenöl

Für das Püree:
500 g mehlig kochende Kartoffeln · Salz
150 ml Milch · 2 EL Butter
Pfeffer aus der Mühle

Außerdem:
3 Bund Frühlingszwiebeln
120 g Butter
1 TL Puderzucker
50 ml Gemüsebrühe
Salz · Pfeffer aus der Mühle
Mark von 1 Vanilleschote
Meersalz

Zubereitung

FÜR 4 PERSONEN

1 Für das Fleisch den Speck in feine Würfel schneiden, in einer Pfanne knusprig braten und auf Küchenpapier abtropfen lassen. Die Garnelen waschen, trocken tupfen und in 1/2 cm große Würfel schneiden. In eine Schüssel geben. Die Hähnchenbrust waschen, trocken tupfen und klein schneiden. Mit etwas Salz und der Sahne im Küchenmixer fein pürieren. Mit dem Speck zu den Garnelen geben und alles gut mischen. Den Thymian waschen, trocken schütteln, die Blätter abzupfen und fein hacken. Mit etwas Zitronensaft unterrühren und die Farce mit Salz und Pfeffer abschmecken.

2 Den Backofen auf 85 °C vorheizen. Das Fleisch mit Salz und Pfeffer würzen und die Farce 1 cm dick auf die Oberseite streichen. In einer Pfanne im Olivenöl zuerst auf der Krustenseite 2 Minuten anbraten. Wenden und ebenfalls 2 Minuten anbraten. Dann das Fleisch auf dem Ofengitter im Backofen 50 bis 60 Minuten garen. Ein Backblech als Auffangschale unter das Gitter schieben.

3 Für das Püree die Kartoffeln waschen, mit Schale in Salzwasser gar kochen und noch warm pellen. Milch und Butter erhitzen, zu den Kartoffeln geben und zu Püree stampfen. Mit Salz und Pfeffer würzen.

4 Die Frühlingszwiebeln putzen und das dunkle Grün entfernen. Das Helle waschen, in 6 cm lange Stücke schneiden und in einer Pfanne in 2 EL Butter anbraten. Mit Puderzucker bestäuben, leicht karamellisieren und mit der Gemüsebrühe ablöschen. So lange dünsten, bis die Flüssigkeit verdampft ist. Mit Salz und Pfeffer abschmecken.

5 Die restliche Butter in einem Topf aufschäumen lassen, Vanillemark und etwas Meersalz unterrühren. Die Kalbsrückenscheiben mit dem Kartoffelpüree und den karamellisierten Frühlingszwiebeln anrichten. Vanillebutter dazu servieren.

Kalbsröllchen
mit Kürbis

Zutaten

8–10 kleine Amarettini
(ital. Mandelgebäck)
4 dünne Kalbsschnitzel (à 150 g)
Salz · Pfeffer aus der Mühle
400 g Kürbis
2 Tomaten
2 EL Öl
2 EL Sherry
200 ml Fleischbrühe
2 TL gehackte Thymianblättchen

Zubereitung
FÜR 4 PERSONEN

1 Die Amarettini in einen Gefrierbeutel geben und mit dem Nudelholz fein zerbröseln. Die Schnitzel, falls nötig, zwischen 2 Lagen Frischhaltefolie leicht flach klopfen. Das Fleisch mit Salz und Pfeffer würzen und mit den Amarettinibröseln bestreuen.

2 Den Kürbis schälen, entkernen und in dünne Stifte schneiden. Je ein Viertel davon auf die Schnitzel geben, aufrollen und mit Holzspießchen feststecken.

3 Die Tomaten waschen, halbieren, entkernen und das Fruchtfleisch in Würfel schneiden. Den Backofen auf 120 °C vorheizen.

4 Das Öl in einer ofenfesten Pfanne erhitzen und die Röllchen darin rundum anbraten. Tomaten, Sherry und die Brühe dazugeben, einmal aufkochen und die Pfanne in den vorgeheizten Ofen schieben. Die Kalbsröllchen 1 1/2 bis 2 Stunden schmoren. Mit Thymian bestreut servieren. Dazu passt Ciabatta.

Rinderrouladen
mit Paprikafüllung

Zutaten

4 Rinderrouladen (à 150 g)
Salz · Pfeffer aus der Mühle
2 kleine rote Paprikaschoten
2 Zwiebeln
2 Knoblauchzehen
4 EL Olivenöl
1 Eigelb
2 EL Paniermehl
2 EL gehackte Basilikumblätter
50 ml halbtrockener Marsala
(ital. Dessertwein)
1/4 l Fleischbrühe

Zubereitung

FÜR 4 PERSONEN

1 Den Backofen auf 220 °C vorheizen. Die Rouladen, falls nötig, flach klopfen. Mit Salz und Pfeffer würzen.

2 Die Paprika auf einem Blech im Ofen so lange garen, bis die Haut Blasen wirft. Das dauert etwa 20 Minuten. Paprika häuten, halbieren, entkernen und in sehr kleine Würfel schneiden.

3 Zwiebeln und Knoblauch schälen und klein hacken. 2 EL Öl in einer Pfanne erhitzen. Zwiebeln und Knoblauch darin glasig dünsten.

4 Paprika dazugeben und unter Rühren 2 Minuten mitdünsten. Eigelb, Paniermehl und Basilikum unterrühren. Mit Salz und Pfeffer würzen und die Masse auf die Rouladen streichen. Aufrollen und mit Holzspießchen feststecken.

5 Das restliche Öl erhitzen und die Rouladen darin rundum anbraten. Mit Marsala ablöschen und mit Fleischbrühe aufgießen. Einmal aufkochen lassen. Die Rouladen zugedeckt im vorgeheizten Ofen bei 120 °C 2 1/2 bis 3 Stunden schmoren. Die Sauce mit Salz und Pfeffer abschmecken. Dazu passen Bandnudeln.

Roastbeef
mit Gemüse

Nicht nur was für Engländer: Auch andere Liebhaber eines guten Rinderbratens schätzen die hohe Kunst der perfekten Zubereitung

Zutaten

1 kg Roastbeef
Meersalz
Pfeffer aus der Mühle
1–2 EL Öl
1 EL Senf
4 Schalotten
1/2 Gurke
2 Möhren
je 1 rote und gelbe Paprikaschote
1/2 Bund Frühlingszwiebeln
10 Cocktailtomaten
2 EL Olivenöl
200 ml Gemüsebrühe
Salz
1 Bund Basilikum
1 Schuss heller Kräuteressig

Zubereitung

FÜR 4 PERSONEN

1 Den Backofen auf 85 °C vorheizen. Das Roastbeef waschen, trocken tupfen und mit Meersalz und Pfeffer kräftig würzen. Im Öl rundum scharf anbraten. Das Fleisch herausnehmen, etwas abkühlen lassen und dünn mit Senf bestreichen sowie nochmals mit Pfeffer würzen.

2 Das Roastbeef auf dem Ofengitter mit einem Abtropfblech darunter im Backofen etwa 2 1/2 Stunden rosa garen.

3 Für das Gemüse die Schalotten schälen und vierteln. Die Gurke und die Möhren putzen, schälen und längs halbieren. Mit einem Löffel die Kerne aus der Gurke herauskratzen, das Fruchtfleisch ebenso wie die Möhren in 1 cm dicke, schräge Scheiben schneiden. Die Paprika halbieren, entkernen und waschen. In Rauten oder Würfel schneiden. Die Frühlingszwiebeln putzen, waschen und in 1 cm breite Ringe schneiden. Die Cocktailtomaten waschen.

4 Die Schalotten im Olivenöl kurz andünsten, die Möhren und die Paprika dazugeben und ebenfalls andünsten. Mit der Brühe ablöschen und zugedeckt bei mittlerer Temperatur dünsten. Wenn die Möhren fast gar sind, Cocktailtomaten, Frühlingszwiebeln und Gurke dazugeben. Das Gemüse mit Salz und Pfeffer würzen und zugedeckt nochmals 1 bis 2 Minuten bei mittlerer Hitze kochen. Das Gemüse vom Herd nehmen und offen stehen lassen. Das Basilikum waschen, trocken schütteln und die Blätter abzupfen.

5 Das Gemüse mit dem Kräuteressig abschmecken und das Basilikum untermischen. Das Roastbeef in 2 cm dicke Scheiben schneiden und mit Meersalz würzen. Mit dem lauwarmem Gemüse auf Tellern anrichten. Sehr gut schmeckt dazu ein Kartoffelgratin.

Rumpsteak
mit Estragon-Senf-Butter

Voller Genuss in Scheiben: Wenn die Steaks schön langsam gegart werden, zergehen sie fast auf der Zunge

Zutaten

Für die Steaks:
4 Rumpsteaks
(à 220 g; 3 cm dick)
Salz · Pfeffer aus der Mühle
2 EL Olivenöl
4 Zweige Thymian
1 Knoblauchzehe

Für die Tomaten:
250 g Cocktailtomaten
Salz · Pfeffer aus der Mühle
Zucker · 4 Zweige Thymian
1 Knoblauchzehe
4 EL Olivenöl

Für die Butter:
140 g weiche Butter
1/2 Bund Estragon
1 EL Dijon-Senf · 1 TL Honig
Salz · Pfeffer aus der Mühle

Für das Püree:
400 g Knollensellerie
1 EL Butter
100 ml Geflügelfond
200 g Sahne
Salz · Pfeffer aus der Mühle

Zubereitung

FÜR 4 PERSONEN

1 Den Backofen auf 85 °C vorheizen. Die Rumpsteaks mit Salz und Pfeffer würzen. Das Olivenöl in einer Pfanne erhitzen und die Steaks darin auf jeder Seite 1 bis 2 Minuten anbraten. Den Thymian waschen und trocken schütteln. Den Knoblauch andrücken und mit dem Thymian in die Pfanne geben. Die Steaks kurz darin wenden und auf dem Ofengitter im Backofen 40 bis 50 Minuten garen. Ein Backblech als Auffangschale unter das Gitter schieben.

2 Die Cocktailtomaten waschen und in eine ofenfeste Form geben. Mit Salz, Pfeffer und Zucker würzen. Thymian waschen und trocken schütteln. Den Knoblauch andrücken und mit Thymian sowie Olivenöl zu den Tomaten geben. Die Tomaten im Backofen 30 Minuten auf der untersten Schiene mit dem Fleisch garen.

3 Die Butter mit dem Schneebesen schaumig aufschlagen. Estragon waschen und trocken schütteln, die Blätter abzupfen und fein hacken. Mit Senf und Honig unter die Butter rühren. Die Butter mit Salz und Pfeffer abschmecken, in Frischhalte- oder Alufolie zu einer länglichen Rolle formen und kalt stellen.

4 Für das Püree den Sellerie schälen und in 1 cm große Würfel schneiden. Die Butter in einem Topf erhitzen und die Selleriewürfel darin 2 Minuten andünsten. Mit Geflügelfond und Sahne ablöschen und zugedeckt 20 bis 30 Minuten leise köcheln lassen. Mit Salz und Pfeffer würzen und fein pürieren.

5 Die Butter aus der Folie wickeln und in 1 cm dicke Scheiben schneiden. Auf den Steaks verteilen und auf einem Backblech im Backofen bei 85 °C 2 bis 3 Minuten schmelzen lassen. Das Selleriepüree und die Tomaten auf Teller verteilen. Die Rumpsteaks schräg aufschneiden und darauf anrichten.

Hüftsteak
mit Zuckerschoten

Zutaten

4 Hüftsteaks (à ca. 220 g)

Salz · Pfeffer aus der Mühle

2 EL Butterschmalz

1 kg mehlig kochende Kartoffeln

200 ml Milch

50 g Butter

frisch geriebene Muskatnuss

500 g Zuckerschoten

Zubereitung

FÜR 4 PERSONEN

1 Den Backofen auf 85 °C vorheizen. Die Steaks mit Salz und Pfeffer würzen. Das Butterschmalz erhitzen und die Steaks darin auf jeder Seite 1 bis 2 Minuten anbraten. Auf dem Ofengitter mit einem Abtropfblech darunter im vorgeheizten Ofen 45 bis 50 Minuten ziehen lassen.

2 Die Kartoffeln schälen, klein schneiden und in Salzwasser etwa 20 Minuten garen. Die Milch aufkochen. Kartoffeln abgießen und mit Milch und Butter zerstampfen. Mit Salz, Pfeffer und Muskat würzen.

3 In der Zwischenzeit die Zuckerschoten putzen, waschen und in kochendem Salzwasser etwa 4 Minuten garen. In ein Sieb abgießen und abtropfen lassen.

4 Das Kartoffelpüree mit den Zuckerschoten und den Steaks auf Tellern anrichten. Nach Belieben mit Rosmarin garnieren.

Rindersteak
mit Kräutern

Zutaten

3 EL Öl
3 EL Weißwein
2 große Rindersteaks (von Roastbeef oder Hochrippe; à ca. 600 g)
2 Zweige Rosmarin
1 Lorbeerblatt
1 EL schwarze Pfefferkörner
2 EL weiße Pfefferkörner
Meersalz
2 EL Butterschmalz
2 EL Butter

Zubereitung

FÜR 4 PERSONEN

1 Öl und Wein verrühren und die Steaks damit einstreichen. In Folie wickeln und mindestens 4 bis 5 Stunden im Kühlschrank marinieren.

2 Den Rosmarin waschen, trocken schütteln, von 1 Zweig die Nadeln abstreifen und mit dem Lorbeerblatt hacken. Die Pfefferkörner im Mörser zerkleinern, 1/4 bis 1/2 TL Meersalz dazugeben. Alles miteinander vermischen. Die Steaks darin wenden, die Mischung andrücken und die Steaks 1 Stunde mit den Gewürzen ruhen lassen.

3 Den Backofen auf 85 °C vorheizen. Die Steaks im heißen Butterschmalz 2 Minuten auf jeder Seite in einer Pfanne anbraten. Im vorgeheizten Backofen auf dem Ofengitter 60 bis 70 Minuten rosa garen. Ein Abtropfblech darunterschieben. Wenn das Fleisch nicht rosa sein soll, die Steaks 10 Minuten länger im Ofen lassen.

4 Die Butter in einer Pfanne erhitzen, den Rosmarinzweig dazugeben und die Steaks darin noch mal 1 bis 2 Minuten auf jeder Seite braten. Die Steaks mit der Rosmarinbutter und Baguette servieren.

Rosa Rinderfilet
mit Rotwein-Vanille-Graupen

Für Feinschmecker: Mit diesem wunderbar zarten Filet und dem ausgefallenen Drumherum machen Sie jedem Sternekoch Konkurrenz

Zutaten

Für das Filet:

1 kg Rinderfilet (Mittelstück; ca. 7–8 cm dick)

1/2 TL Fünf-Gewürze-Pulver

Salz · Pfeffer aus der Mühle

1 EL Öl

1/2 Bund Thymian

2 EL Butter

Für die Graupen:

200 g Perlgraupen · Salz

3 Schalotten · 2 EL Olivenöl

150 ml Rotwein

100 ml roter Portwein

Mark von 2 Vanilleschoten

1/2 l Geflügelfond

50 g kalte Butterwürfel

Pfeffer aus der Mühle

Außerdem:

300 g Frühlingsgemüse (z.B. Baby-Möhren, Zuckerschoten, Frühlingszwiebeln)

Salz · 30 g Butter

Pfeffer aus der Mühle · Zucker

Zubereitung

FÜR 4–6 PERSONEN

1 Das Filet 1 Stunde vor der Zubereitung aus dem Kühlschrank nehmen. Den Backofen auf 85 °C vorheizen. Das Fleisch von Haut und Sehnen befreien. Mit Fünf-Gewürze-Pulver, Salz und Pfeffer würzen. Im Öl rundum 5 Minuten anbraten. Das Fleisch auf dem Ofengitter im Backofen 2 Stunden rosa garen. Ein Backblech als Auffangschale unter das Gitter schieben. Mit dem Bratenthermometer die Kerntemperatur messen – sie sollte 58 bis 60 °C betragen.

2 Die Perlgraupen in reichlich Salzwasser 15 Minuten köcheln lassen und unter kaltem Wasser abspülen. Die Schalotten schälen, in feine Würfel schneiden und im Olivenöl in einem Topf andünsten. Die Perlgraupen dazugeben und 1 Minute mitdünsten. Mit Rotwein und Portwein ablöschen und die Flüssigkeit fast vollständig einkochen lassen.

3 Vanillemark und Geflügelfond dazugeben und 30 Minuten sanft köcheln lassen. Zum Schluss die Butterwürfel unterrühren und nicht mehr kochen lassen. Die Graupen sollten sämig sein. Mit Salz und Pfeffer abschmecken.

4 Das Frühlingsgemüse putzen bzw. schälen, waschen und in Salzwasser bissfest blanchieren. Kalt abschrecken und in der Butter 2 bis 3 Minuten dünsten. Mit Salz, Pfeffer und etwas Zucker abschmecken.

5 Für das Filet den Thymian waschen und trocken schütteln. Die Butter in einer Pfanne aufschäumen lassen. Thymian und Rinderfilet einlegen und 1 Minute darin wenden.

6 Die Vanillegraupen mit etwas Gemüse auf Teller verteilen. Das Fleisch in Scheiben schneiden und darauf anrichten.

Rinderfilet
mit Pfifferlingen

Zutaten

4 Zweige Thymian

4 Rinderfiletsteaks (à 200 g)

Meersalz · Pfeffer aus der Mühle

1 EL mittelscharfer Senf

1 EL grobkörniger Senf

2 EL Öl

600 g Pfifferlinge

200 g Lauch

2 Knoblauchzehen

2 EL Olivenöl

2 EL Butter

8 Stiele Petersilie

gemahlener Kümmel

Zubereitung

FÜR 4 PERSONEN

1 Den Backofen auf 85 °C vorheizen. Den Thymian waschen und trocken schütteln. Die Filetstücke mit Meersalz und Pfeffer würzen, die beiden Senfarten mischen und das Fleisch rundum damit einpinseln.

2 Das Öl in einer ofenfesten Pfanne erhitzen und die Filets darin auf beiden Seiten kurz scharf anbraten. Die Steaks mit 2 Thymianzweigen belegen und auf dem Ofengitter im Backofen mit einem Abtropfblech darunter 45 bis 50 Minuten rosa garen (Kerntemperatur 58 bis 60 °C).

3 Die Pfifferlinge putzen, nicht waschen, nur trocken abreiben. Den Lauch der Länge nach halbieren, putzen, waschen und schräg in 1 cm dicke Scheiben schneiden. Den Knoblauch schälen und fein hacken. Olivenöl und Butter in einer großen Pfanne erhitzen, Pfifferlinge, Knoblauch und Lauch hinzufügen, etwas salzen und etwa 10 Minuten dünsten, bis die Flüssigkeit weitgehend eingekocht ist.

4 Die Petersilie waschen, trocken schütteln, fein hacken und dazugeben. Mit Salz, Pfeffer und 1 Prise Kümmel würzen. Das Fleisch mit dem Gemüse auf Tellern anrichten.

Filetsteak
mit Paprikasauce

Zutaten

4 Rinderfiletsteaks (à ca. 220 g)
Salz · Pfeffer aus der Mühle
4 EL Öl
1 rote Paprikaschote
2 Tomaten
1 Schalotte
1 Knoblauchzehe
100 ml Gemüsebrühe
Zucker
4 Sardellenfilets (eingelegt)

Zubereitung

FÜR 4 PERSONEN

1 Den Backofen auf 85 °C vorheizen. Die Filetsteaks nach Belieben mit Küchengarn in Form binden, salzen und pfeffern. 2 EL Öl erhitzen und die Steaks darin auf beiden Seiten anbraten. Auf ein mit Backpapier belegtes Backblech setzen und 50 bis 60 Minuten garen.

2 Die Paprika halbieren, entkernen, waschen und in Würfel schneiden. Tomaten waschen und ebenfalls klein schneiden. Schalotte und Knoblauch schälen und in Würfel schneiden.

3 Das restliche Öl erhitzen und Schalotte und Knoblauch darin andünsten. Paprika und Tomaten dazugeben und mit der Brühe ablöschen. Etwa 10 Minuten einköcheln lassen.

4 Alles pürieren und mit Salz, Pfeffer und 1 Prise Zucker abschmecken. Die Steaks auf vorgewärmte Teller verteilen. Die Sardellenfilets abtropfen lassen und daraufsetzen. Die Paprikasauce daneben anrichten. Nach Belieben Tagliatelle und jungen Spinat dazu servieren.

Rinderschmorbraten
mit Gemüse

So mögen es die Italiener: Auch in der Toskana wird gern herzhaft geschmort – hier in viel »weinseliger« Sauce

Zutaten

2 Möhren · 1 große Zwiebel
2 Knoblauchzehen
2 Stangen Staudensellerie
3 Fleischtomaten
100 g Parmaschinken (mit viel Fett)
4 EL Olivenöl
ca. 1 1/2 kg Rindfleisch (aus der Schulter)
10 Wacholderbeeren
20 Pfefferkörner
einige Lorbeerblätter
1 l trockener Weißwein
1 l Rinderbrühe · Salz
50 g kalte Butter
Pfeffer aus der Mühle

Zubereitung

FÜR 6 PERSONEN

1 Möhren, Zwiebel und Knoblauch schälen. Sellerie putzen und waschen. Die Tomaten kurz überbrühen und häuten. Alles in kleine Würfel schneiden. Den Parmaschinken ebenfalls in feine Würfel schneiden. Das Olivenöl in einem Bräter erhitzen und das Fleisch darin rundum anbraten, herausnehmen und beiseitestellen.

2 Den Backofen auf 120 °C vorheizen. Das Gemüse und den Schinken in den Topf geben und mit Wacholderbeeren, Pfefferkörnern und Lorbeerblättern so lange dünsten, bis das Gemüse weich ist. Das Fleisch hinzufügen, mit 800 ml Wein und der Brühe aufgießen und salzen.

3 Alles zum Kochen bringen und im vorgeheizten Ofen etwa 3 1/2 Stunden schmoren lassen, bis das Fleisch zart ist.

4 Das Fleisch herausnehmen und den restlichen Wein zum Gemüse geben. Die Sauce auf etwa 1 l einkochen lassen. Die Butter unterrühren. Die Sauce mit Salz und Pfeffer würzen.

5 Das Fleisch in dünne Scheiben schneiden und mit der Sauce servieren. Dazu passt Kartoffelpüree (siehe Tipp).

Tipp

Für das Püree 1 kg mehlig kochende Kartoffeln schälen und in Salzwasser garen. Heiß durch die Kartoffelpresse drücken. Mit 1/4 l heißer Milch und 3 EL Butter verrühren. Mit Salz und Muskat würzen.

Roastbeef
mit Spargel und Tomaten

Leichter Sommergenuss: Edles Rindfleisch wird durch die rot-grüne Gemüsekombination perfekt ergänzt

Zutaten

1 kg Roastbeef
(gut abgehangen)
1 EL Butterschmalz
Salz · Pfeffer aus der Mühle
800 g grüner Spargel
600 g kleine Tomaten
3 EL Olivenöl
2 TL gehackte Thymianblätter
1 EL Butter

Zubereitung

FÜR 4 PERSONEN

1 Den Backofen auf 85 °C vorheizen. Das Roastbeef von Haut und Sehnen befreien. Das Butterschmalz in einer ofenfesten Pfanne erhitzen und das Roastbeef darin auf beiden Seiten anbraten. Das Fleisch auf dem Ofengitter mit einem Abtropfblech darunter im Backofen etwa 2 1/2 Stunden garen. Herausnehmen, mit Salz und Pfeffer würzen und noch etwa 5 Minuten ruhen lassen.

2 Den Spargel waschen, nur im unteren Drittel schälen und die Enden abschneiden. Spargel in kochendem Salzwasser in 8 bis 12 Minuten bissfest garen. Abgießen und abtropfen lassen.

3 Die Tomaten waschen, trocken tupfen und halbieren. Das Olivenöl erhitzen und die Tomaten darin rundum kurz anbraten. Den Spargel dazugeben, erhitzen und mit Thymian, Salz und Pfeffer würzen.

4 Das Roastbeef in Scheiben schneiden. Die Butter erhitzen und die Roastbeefscheiben darin auf jeder Seite noch mal 1 bis 2 Minuten anbraten. Roastbeef mit Tomaten und Spargel anrichten. Dazu passt Baguette.

Tipp

In der Küchenfachsprache wird das Entfernen von Haut, Sehnen und Fett von Fleisch- und Fischstücken als Parieren bezeichnet. Sie können das auch vom Metzger vorbereiten lassen.

Ossobuco

mit Tomaten

Zutaten

4 Kalbshaxenscheiben (à ca. 200 g)

Salz · Pfeffer aus der Mühle

1 EL gehacktes Basilikum

1 EL Majoran · 1 TL gem. Kümmel

2 EL Mehl · 2 EL Olivenöl

4 Knoblauchzehen · 2 Zwiebeln

1 Möhre · 150 g Knollensellerie

4 EL Tomatenmark · 600 ml Rotwein

400 g Tomaten (aus der Dose)

2 Lorbeerblätter

2 EL abgeriebene unbehandelte Zitronenschale

10 Cocktailtomaten

1 gelbe Paprikaschote

Zubereitung

FÜR 4 PERSONEN

1 Den Backofen auf 120 °C vorheizen. Die Kalbshaxenscheiben waschen, trocken tupfen, mit Salz, Pfeffer, Basilikum, Majoran sowie Kümmel kräftig würzen und mit Mehl bestäuben. Das Olivenöl in einem Bräter erhitzen und die Kalbshaxenscheiben darin kräftig anbraten.

2 Die Knoblauchzehen, die Zwiebeln, die Möhre, und den Sellerie putzen und waschen bzw. schälen und in feine Würfel schneiden. Zu den Kalbshaxenscheiben geben und kurz mitbraten. Das Tomatenmark unterrühren, kurz mitrösten, mit Rotwein ablöschen und die geschälten Tomaten dazugeben. Die Lorbeerblätter und die Zitronenschale untermischen, mit Salz und Pfeffer würzen. Das Fleisch zugedeckt im Ofen 2 1/2 bis 3 Stunden schmoren lassen.

3 Die Cocktailtomaten waschen und halbieren. Die Paprika halbieren, entkernen, waschen und klein schneiden. 1 Stunde vor Ende der Garzeit dazugeben. Nach Ende der Garzeit die Sauce noch mal abschmecken. Die Kalbshaxenscheiben mit der Sauce auf Safranrisotto (siehe S. 9) anrichten. Nach Belieben mit Kräutern garnieren.

Rindergulasch
mit Zwiebeln

Zutaten

1 kg Rindfleisch
(aus Wade oder Schulter)
1 kg Zwiebeln
2 EL Öl
1 EL Tomatenmark
1 l Geflügelbrühe
2 Knoblauchzehen
je 1 TL Kümmelsamen und
getrockneter Majoran
1/2–1 TL abgeriebene unbehandelte Zitronenschale
1/2 EL Paprikapulver (edelsüß)
Salz · Cayennepfeffer

Zubereitung

FÜR 4 PERSONEN

1 Das Rindfleisch von Fett und groben Sehnen befreien und in 3 cm große Würfel schneiden. Die Zwiebeln schälen, halbieren und quer in Streifen schneiden.

2 Den Backofen auf 120 °C vorheizen. Das Öl in einem großen Schmortopf erhitzen. Die Rindfleischwürfel darin bei mittlerer Hitze rundum anbraten und wieder herausnehmen. Die Zwiebeln im Bratfett glasig dünsten. Das Tomatenmark unterrühren und kurz mitdünsten. Das Rindfleisch wieder in den Schmortopf geben.

3 Die Brühe dazugießen. Das Fleisch sollte gerade bedeckt sein. Das Gulasch im Ofen 3 bis 3 1/2 Stunden schmoren.

4 Für das Gulaschgewürz den Knoblauch schälen und mit Kümmel, Majoran und Zitronenschale fein hacken. Das Paprikapulver mit wenig Wasser glatt rühren. Am Ende der Garzeit das angerührte Paprikapulver und das Gulaschgewürz in das Gulasch rühren. 5 bis 10 Minuten ziehen lassen und das Gulasch mit Salz und Cayennepfeffer abschmecken. Dazu passen Salzkartoffeln, Servietten- oder Semmelknödel.

Sauerbraten
mit Semmelknödeln

Das Marinieren macht's: Einige Tage Geduld muss man schon haben, wenn man einen einzigartig zarten Rinderbraten genießen will

Zutaten

Für das Fleisch:

1 1/2 kg Rinderbraten (aus Schulter oder Bug)
2 Zwiebeln · 4 Gewürznelken
1 Bund Suppengemüse
300 ml trockener Rotwein
150 ml Weißweinessig
1 Lorbeerblatt
1 TL Pfefferkörner
1 TL Wacholderbeeren
40 g Butterschmalz
400 ml Fleischbrühe
2 EL Tomatenmark
2 Scheiben Schwarzbrot
Salz · Pfeffer aus der Mühle
Zucker · 125 g saure Sahne

Für die Knödel:

10 Brötchen (vom Vortag)
200 ml Milch
1 Zwiebel · 1 EL Butter
2 EL gehackte Petersilie
Salz · Pfeffer aus der Mühle
frisch geriebene Muskatnuss
2 Eier

Zubereitung

FÜR 6 PERSONEN

1 Das Fleisch mit Küchengarn zusammenbinden und in eine Schüssel mit Deckel geben. Zwiebeln schälen und mit Nelken spicken. Das Suppengemüse putzen und waschen bzw. schälen und in grobe Stücke schneiden. Beides mit 1 1/2 l Wasser, Rotwein, Essig und den Gewürzen in einen Topf geben, aufkochen, abkühlen lassen und über das Fleisch gießen. Zugedeckt im Kühlschrank 2 bis 3 Tage marinieren, dabei ab und zu wenden.

2 Den Backofen auf 120 °C vorheizen. Das Fleisch aus der Marinade nehmen und trocken tupfen. Die Marinade durch ein Sieb gießen und 1/4 l abmessen. Das Butterschmalz erhitzen und das Fleisch darin rundum anbraten. Mit der Brühe und 1/4 l Marinade ablöschen. Das Tomatenmark und zerkrümeltes Schwarzbrot dazugeben, einmal aufkochen lassen und im vorgeheizten Ofen 3 bis 3 1/2 Stunden schmoren.

3 Für die Knödel die Brötchen in Scheiben schneiden. Die Milch erwärmen und über die Brötchen gießen. Die Zwiebel schälen und in Würfel schneiden. In der Butter andünsten. Mit der Petersilie zu den Brötchen geben. Mit Salz, Pfeffer und Muskat würzen. Etwa 30 Minuten ziehen lassen.

4 Die Eier verquirlen und hinzufügen. Alles gut vermischen. Mit angefeuchteten Händen aus der Masse runde Knödel formen. Die Knödel in Salzwasser bei schwacher Hitze etwa 20 Minuten ziehen lassen. Das Wasser nicht kochen lassen! Die Knödel herausnehmen und abtropfen lassen.

5 Das Fleisch aus dem Bräter nehmen und in Alufolie gewickelt im Ofen 10 Minuten ruhen lassen. Die Sauce durch ein Sieb passieren, falls nötig, noch etwas einkochen lassen und mit Salz, Pfeffer und Zucker abschmecken. Die saure Sahne unterrühren und einmal aufkochen. Das Fleisch in Scheiben schneiden und mit der Sauce und den Semmelknödeln servieren.

Geflügel & Wild

Provenzalisches Schmorhuhn mit Oliven

Auf in den Süden: Wenn würzige Kräuter langsam ihr Aroma entfalten können, ist Hochgenuss garantiert

Zutaten

4 Hähnchenkeulen
2 Hähnchenbrüste
6 Salbeiblätter
3 EL Öl
Salz · Pfeffer aus der Mühle
3 Zwiebeln · 2 Knoblauchzehen
je 1 rote und gelbe Paprikaschote
je 4 Zweige Thymian und Majoran
1 Zweig Rosmarin oder 2 TL Kräuter der Provence
300 ml Weißwein
4 EL Tomatenmark
80 g schwarze Oliven (ohne Stein)
300 ml Gemüsebrühe

Zubereitung

FÜR 4 PERSONEN

1 Den Backofen auf 100 °C vorheizen. Die Hähnchenteile waschen und trocken tupfen. Die Salbeiblätter waschen, trocken tupfen und je 1 Salbeiblatt unter die Haut der Hähnchenteile schieben. Das Hähnchenfleisch mit 2 EL Öl einreiben und mit Salz und Pfeffer würzen.

2 Die Zwiebeln schälen und in Spalten schneiden. Den Knoblauch schälen und halbieren. Die Paprikaschoten längs halbieren, entkernen, waschen und der Länge nach in breite Streifen schneiden. Thymian, Majoran und Rosmarin waschen und trocken schütteln.

3 Das restliche Öl in einem Bräter erhitzen und das Hähnchenfleisch darin rundum anbraten. Zwiebeln und Knoblauch dazugeben und kurz mitbraten. Den Weißwein und das Tomatenmark in einer Schüssel mit dem Schneebesen verrühren. Zum Hähnchenfleisch geben. Die Oliven, die Paprikastreifen, die Kräuter und die Brühe in den Bräter geben, alles einmal aufkochen und im Ofen 1 1/2 Stunden garen.

4 Für eine schöne Kruste zum Schluss den Backofengrill einschalten. Das Hähnchenfleisch 5 Minuten bräunen. Nach Belieben mit Knoblauchbaguette (siehe Tipp) servieren.

Tipp

1 Baguette im Abstand von 3 cm einschneiden. 3 gehackte Knoblauchzehen mit 80 g weicher Butter verrühren. In die Einschnitte geben und das Brot in Alufolie gewickelt im Ofen bei 200 °C 15 Minuten backen.

Hähnchenschenkel
mit Fenchelgemüse

Zutaten

1 Zweig Majoran

$1/2$ TL Paprikapulver (edelsüß)

2 Knoblauchzehen

4 kleine Hähnchenschenkel

Salz

weißer Pfeffer aus der Mühle

3 EL Olivenöl

1 Fenchelknolle

1 Chilischote

1 EL Butter

1 TL Zucker

100 ml Geflügelbrühe

Zubereitung

FÜR 4 PERSONEN

1 Den Backofen auf 100 °C vorheizen. Majoran waschen, trocken schütteln, die Blätter abzupfen und fein hacken. Mit dem Paprikapulver mischen. Knoblauch schälen und durch die Presse dazudrücken.

2 Die Hähnchenschenkel waschen und trocken tupfen. Im Gelenk zerteilen und die Haut mit einem Löffelstiel ablösen. Die Kräutermischung mit einem Pinsel zwischen Haut und Fleisch verteilen. Die Hähnchenschenkel außen mit Salz und Pfeffer einreiben.

3 Das Olivenöl erhitzen und die Hähnchenschenkel auf beiden Seiten kurz anbraten. Im vorgeheizten Ofen auf dem Ofengitter mit einem Abtropfblech darunter 1 Stunde garen. Zum Schluss noch 5 Minuten goldbraun grillen.

4 Den Fenchel putzen, waschen, halbieren und klein schneiden. Chilischote putzen, waschen und in feine Streifen schneiden. Die Butter zerlassen und Fenchel und Chili darin andünsten. Den Zucker darüberstreuen und karamellisieren. Geflügelbrühe hinzufügen. Den Fenchel bei schwacher Hitze 10 Minuten garen und mit den Hähnchenschenkeln servieren.

Perlhuhn
mit Brot-Oliven-Füllung

Zutaten

2 Knoblauchzehen
100 g schwarze Oliven
(ohne Stein)
1 Ciabatta-Brot (200 g)
2 Eier · 120 ml Milch
Salz · Pfeffer aus der Mühle
1 Perlhuhn (1,2 kg;
küchenfertig) · 2 EL Öl
je 1 rote und gelbe Paprikaschote
2 Zucchini
300 g Eiertomaten
1 Bund Kräuter der Provence
1 unbehandelte Zitrone
4 EL Olivenöl

Zubereitung

FÜR 4 PERSONEN

1 Knoblauch schälen und mit den Oliven fein hacken. Das Brot in Würfel schneiden, mit Knoblauch, Oliven, den Eiern und der Milch vermischen. Mit Salz und Pfeffer abschmecken.

2 Das Perlhuhn waschen, trocken tupfen und mit Salz und Pfeffer einreiben. Mit der Brotmischung füllen. Den Backofen auf 85 °C vorheizen. Das Öl erhitzen und das Perlhuhn darin rundum anbraten. Das Perlhuhn auf das Ofengitter legen und ein Abtropfblech darunterschieben. Im Ofen etwa 2 1/2 Stunden garen.

3 Paprika halbieren, entkernen und waschen. Zucchini putzen und waschen. Eiertomaten waschen. Alles in mundgerechte Stücke schneiden. Die Kräuter waschen und trocken schütteln. Die Zitrone waschen, trocken tupfen und in Scheiben schneiden. 2 EL Olivenöl erhitzen und Paprika und Zucchini darin dünsten.

4 Tomaten, Kräuter und Zitrone dazugeben, salzen und pfeffern und 15 Minuten zugedeckt garen. Das Perlhuhn in acht Teile zerlegen und mit dem restlichen Olivenöl einpinseln. Unter dem Grill im Ofen etwa 8 Minuten bräunen. Mit dem Gemüse und der Füllung anrichten.

Hähnchen
mit Kartoffeln

In Bayern sagt man Hendl: Aber auch anderswo ist ein sanft gegartes Hähnchen mit knuspriger Haut ein wahrer Leckerbissen

Zutaten

1 Brathähnchen (ca. 1,5 kg)

Salz · Pfeffer aus der Mühle

1 TL Cayennepfeffer

ca. 6 EL Olivenöl

3–4 Zweige Salbei

3 Zweige Rosmarin

1 Zweig Thymian

1 kg festkochende Kartoffeln

5 Knoblauchzehen

Saft von 1 Zitrone

Zubereitung

FÜR 4 PERSONEN

1 Das Hähnchen waschen und trocken tupfen. Salz, Pfeffer und Cayennepfeffer mit 2 EL Öl verrühren. Das Hähnchen damit rundum einpinseln. Die Kräuter waschen und trocken schütteln. Das Hähnchen innen mit Salz und Pfeffer würzen und mit den Kräutern füllen.

2 Die Kartoffeln waschen und mit der Schale der Länge nach halbieren. Knoblauchzehen in der Schale mit dem Handballen leicht andrücken.

3 Den Backofen auf 120 °C vorheizen. Das Hähnchen auf ein großes Blatt Alufolie setzen, die Knoblauchzehen drum herum verteilen, die Alufolie verschließen und auf ein Backblech setzen. Im Backofen 3 1/2 bis 4 Stunden garen.

4 In der Zwischenzeit die Kartoffeln auf ein weiteres Backblech verteilen, mit dem restlichen Öl beträufeln und im Backofen etwa 1 1/2 Stunden mit dem Hähnchen garen.

5 Am Ende der Garzeit den Backofengrill einschalten. Das Hähnchen aus der Folie nehmen und auf dem Ofengitter etwa 10 Minuten zusammen mit den Kartoffeln bräunen. Zitronensaft mit 80 ml Wasser mischen und das Hähnchen während des Grillens immer wieder damit beträufeln oder einpinseln. Mit Salz und Pfeffer würzen und mit dem Hähnchen servieren.

Tipp

Statt in Alufolie können Sie das Hähnchen auch im Bratschlauch zubereiten. Den Bratschlauch nach Packungsanweisung zuschneiden und verschließen. Das Hähnchen darin 2 1/2 bis 3 Stunden garen.

Putenbraten
mit Ananas und Tomaten

Für Fans des Exotischen: Die Putenbrust wird mit den typischen Zutaten der Asien-Küche gegart – eine leichte Schärfe inklusive

Zutaten

1,2 kg Putenbrust (8–9 cm dick)
Salz
weißer Pfeffer aus der Mühle
2 EL Öl
1 EL rote Currypaste
2 Dosen Kokosmilch (à 400 ml)
Saft von 1 Limette
6 Kaffir-Limettenblätter
1 ½ EL Palm- oder Rohrzucker
3 EL Fischsauce
300 g Cocktailtomaten
½ frische Ananas
1 Bund Thai-Basilikum oder Koriander
2 rote Chilischoten

Zubereitung

FÜR 4–6 PERSONEN

1 Die Putenbrust von Fett und Sehnen befreien, waschen und trocken tupfen. Mit Salz und Pfeffer würzen. Das Öl in einer Pfanne erhitzen und die Putenbrust darin 5 Minuten rundum anbraten. Die Putenbrust in einen Bräter legen.

2 Den Backofen auf 100 °C vorheizen. Die Currypaste in einem Topf mit 3 EL Kokosmilch erhitzen und 3 bis 4 Minuten köcheln. Die restliche Kokosmilch dazugießen und gut verrühren. Limettensaft, 5 Limettenblätter, Palmzucker und Fischsauce dazugeben und aufkochen lassen. Die Sauce über die Putenbrust gießen. Die Putenbrust im Backofen 1 ½ bis 2 Stunden garen.

3 Die Cocktailtomaten mit einem spitzen Messer einritzen, überbrühen und häuten. Die Ananas schälen, den harten Strunk herausschneiden und das Fruchtfleisch in 2 cm große Stücke schneiden. 30 Minuten vor Ende der Garzeit die Tomaten und Ananasstücke in die Sauce geben und fertig garen.

4 Thai-Basilikum oder Koriander waschen, trocken schütteln und die Blätter abzupfen. Einige Blätter für die Deko beiseitelegen, die restlichen Blätter kurz vor Ende der Garzeit unter die Sauce rühren.

5 Die Chilischoten längs halbieren, entkernen, waschen und in sehr feine Streifen schneiden. Das restliche Limettenblatt ebenfalls in feine Streifen schneiden. Die Putenbrust in dünne Scheiben schneiden und mit der Ananas-Tomaten-Sauce auf Tellern anrichten. Mit Chili-, Limettenblattstreifen und Basilikumblättern garnieren. Mit Basmatireis servieren.

Putenbrust
mit Cranberrys

Zutaten

1 kg Putenbrust

Salz · Pfeffer aus der Mühle

2 EL Öl

400 ml Geflügelfond

1 EL Butter

1 TL Currypulver

150 ml Portwein

300 ml Geflügelbrühe

300 g Cranberrys

70 g Zucker

1 TL Senf

800 g Brokkoliröschen

1 TL Speisestärke

Zubereitung

FÜR 4–6 PERSONEN

1 Den Backofen auf 120 °C erhitzen. Die Putenbrust waschen und trocken tupfen. Mit Salz und Pfeffer würzen. Das Öl in einem Bräter erhitzen und die Putenbrust darin rundum anbraten. Geflügelfond dazugeben und aufkochen. Die Butter zerlassen und das Currypulver unterrühren. Die Putenbrust damit bestreichen und im Backofen 1 bis 1 1/2 Stunden garen.

2 Portwein und Brühe aufkochen und auf die Hälfte einköcheln lassen. Cranberrys, Zucker und Senf unterrühren. 5 Minuten köcheln lassen.

3 Brokkoli in kochendem Salzwasser 3 bis 4 Minuten garen. Abschrecken und abtropfen lassen.

4 Die Putenbrust aus dem Bräter nehmen und warm halten. Den Fond etwas einkochen lassen. Die Speisestärke in wenig kaltem Wasser glatt rühren und in den Fond rühren. Einmal aufkochen lassen.

5 Die Putenbrust in Scheiben schneiden und mit Brokkoli, Cranberrys und Sauce anrichten. Dazu passen Bratkartoffeln.

Putenrouladen
mit Spinatfüllung

Zutaten

400 g Blattspinat · Salz
2 Zwiebeln
1 Knoblauchzehe
3 EL Öl
Pfeffer aus der Mühle
4 dünne Putenschnitzel
(à ca. 150 g)
500 g Wirsing
2 EL Zitronensaft
200 g Sahne

Zubereitung

FÜR 4 PERSONEN

1 Spinat putzen, waschen und in kochendem Salzwasser zusammenfallen lassen. Abgießen, kalt abschrecken und abtropfen lassen. Zwiebeln und Knoblauch schälen. Die Zwiebeln in Würfel schneiden.

2 Die Hälfte davon in 1 TL Öl anbraten. Knoblauch dazupressen, mitdünsten und vom Herd nehmen. Spinat ausdrücken, hacken und unterrühren. Salzen und pfeffern. Das Fleisch nach Bedarf etwas flach klopfen, mit Salz und Pfeffer würzen. Den Spinat darauf verteilen und aufrollen, feststecken. Den Backofen auf 100 °C vorheizen. 2 EL Öl in einem Bräter erhitzen. Die Rouladen darin rundum 4 bis 5 Minuten anbraten und im Ofen 25 bis 30 Minuten garen.

3 Wirsing vierteln, den Strunk herausschneiden und den Kohl quer in Streifen schneiden. In kochendem Salzwasser 3 Minuten blanchieren, abgießen und abtropfen lassen. Die restlichen Zwiebeln im übrigen Öl andünsten. Wirsing hinzufügen, mit Salz, Pfeffer und Zitronensaft würzen und etwa 10 Minuten köcheln lassen. Die Sahne unterrühren. Putenrouladen auf dem Wirsinggemüse anrichten.

Entenbrust
mit Blumenkohl

Ungewöhnlich, aber gut: Die Entenbrust wird in einem zwiebeligen Rotweinsud gegart – dazu gibt's gebratenen Blumenkohl

Zutaten

3 rote Zwiebeln
1 EL Butterschmalz
350 ml trockener Rotwein
200 ml Gemüsebrühe
1/3 Bund Thymian
1/3 Bund Rosmarin
Salz
2 Lorbeerblätter
1 Zimtstange
1/2 TL Pfefferkörner
1 TL Wacholderbeeren
2 Entenbrüste (à 180 g)
Pfeffer aus der Mühle
1/2 Kopf Blumenkohl (nur die Röschen)
2 EL Butter

Zubereitung

FÜR 2 PERSONEN

1 Die Zwiebeln schälen, halbieren und in breite Streifen schneiden. Im Butterschmalz andünsten und mit Rotwein ablöschen. Auf die Hälfte einkochen lassen und die Gemüsebrühe dazugeben. Thymian und Rosmarin waschen und trocken schütteln. Den Sud mit Salz würzen und Lorbeerblätter, Thymian, Rosmarin, Zimtstange, Pfefferkörner und die angedrückten Wacholderbeeren dazugeben.

2 Den Backofen auf 85 °C vorheizen. Die Entenbrüste waschen und trocken tupfen. Vorsichtig mit einem Messer die Haut ablösen. Die Haut in feine Würfel schneiden. Die Entenbrüste salzen und pfeffern. Den Rotwein-Kräuter-Sud erneut aufkochen und die Entenbrüste hineinlegen. Die Entenbrüste im Ofen 15 bis 20 Minuten im Fond ziehen lassen.

3 Blumenkohl waschen und gut abtropfen lassen. Die Blumenkohlröschen in 1 EL Butter leicht braun anbraten. Die in Würfel geschnittene Entenhaut dazugeben, mit etwas Salz würzen und noch mal etwa 2 Minuten braten. Die Entenhaut soll knusprig sein und die Blumenkohlröschen von allen Seiten braun gebraten. Zum Schluss die restliche Butter hinzufügen, einmal aufschäumen lassen und den Blumenkohl auf Küchenpapier gut abtropfen lassen.

4 Zum Anrichten den Blumenkohl auf Teller verteilen. Die Entenbrust aus dem Sud nehmen und in feine Scheiben schneiden, dekorativ zum Blumenkohl legen. Den Sud durch ein Sieb gießen. Die roten Zwiebeln auf die Teller verteilen und 1 bis 2 EL Rotweinsud über die Entenbrust träufeln.

Barbarie-Entenbrust
mit Mango-Rotkohl-Salat

Zutaten

400 g Rotkohl · Salz
1 reife, feste Mango
1 EL Mango-Chutney
1 1/2 EL Honig
1/2 TL Garam Masala
8 EL Öl
4 EL Aceto balsamico
Pfeffer aus der Mühle
2 EL gehackte Walnüsse
2 Barbarie-Entenbrüste (à 250 g)
1 EL gehackte Thymianblättchen
1 Zweig Estragon
4 EL Weißweinessig
1 Döschen Safranfäden
Zucker

Zubereitung

FÜR 4 PERSONEN

1 Rotkohl putzen und fein hobeln. In kochendem Salzwasser etwa 1 Minute blanchieren, abschrecken und abtropfen lassen. Mango schälen, halbieren und das Fruchtfleisch in feine Streifen schneiden. Mango-Chutney mit 1/2 EL Honig, Garam Masala, 2 EL Öl, Balsamico, Salz und Pfeffer verrühren. Rotkohl, Mango und Walnüsse untermischen und 1 Stunde ziehen lassen.

2 Den Backofen auf 85 °C vorheizen. Die Entenbrüste mit Salz und Pfeffer würzen und mit der Hautseite nach unten in einer Pfanne etwa 5 Minuten goldbraun anbraten. Mit der Fleischseite nach unten auf ein Backblech legen. Restlichen Honig mit Thymianblättchen verrühren und die Haut der Entenbrüste damit einstreichen. Im Ofen 45 bis 50 Minuten garen.

3 Estragon waschen, trocken schütteln und die Blättchen abzupfen. Weißweinessig leicht erwärmen. Safran, Estragon und 1 Prise Zucker zum Essig geben und 6 EL Öl unterrühren.

4 Entenbrüste aus dem Ofen nehmen und kurz ruhen lassen. In Scheiben schneiden und mit dem Rotkohl auf Tellern anrichten. Mit der Vinaigrette beträufeln.

Entenbrust
mit Blattsalat

Zutaten

1 großes Entenbrustfilet (ca. 350 g)
Salz · Pfeffer aus der Mühle
3 EL Öl
½ kleiner Lollo rosso
einige Blätter Radicchio
1 Handvoll Feldsalat
2 Orangen
4 EL Essig

Zubereitung

FÜR 2 PERSONEN

1 Den Backofen auf 85 °C vorheizen, Die Entenbrust waschen, trocken tupfen und die Haut rautenförmig nicht zu tief einschneiden. Mit Salz, Pfeffer und 1 EL Öl einreiben.

2 Die Entenbrust mit der Hautseite nach unten in eine Pfanne legen und etwa 3 Minuten kräftig anbraten, wenden und weitere 3 Minuten braten. Mit der Hautseite nach oben in eine ofenfeste Form legen und 45 bis 50 Minuten im vorgeheizten Ofen garen.

3 In der Zwischenzeit die Salate putzen, waschen, und trocken schütteln. Die Orangen mit einem scharfen Messer so schälen, dass auch die weiße Haut mit entfernt wird. Fruchtfilets aus den Trennhäuten schneiden und den dabei austretenden Saft auffangen. Den Saft aus den Orangenresten auspressen. Den Saft, das restliche Öl und den Essig miteinander verrühren. Mit Salz und Pfeffer abschmecken.

4 Salat und Orangen auf Teller verteilen. Die Entenbrust in dünne Scheiben schneiden, darauf anrichten und mit dem Dressing beträufeln.

Ente à l'orange
mit Baguette

Frankreich lässt grüßen: Die Ente mit Orangen ist einer der bekanntesten Klassiker aus dem Land der Feinschmecker

Zutaten

1 küchenfertige Ente (ca. 2,5 kg)
Salz · Pfeffer aus der Mühle
5 unbehandelte Orangen
400 ml Geflügelfond (aus dem Glas)
1 Bund Suppengemüse
1 große Zwiebel
5 EL Zucker
5 EL Weißweinessig
1 TL Speisestärke
2 EL Orangenmarmelade

Zubereitung

FÜR 4–6 PERSONEN

1 Die Ente waschen, trocken tupfen, innen und außen salzen und pfeffern. 3 Orangen so schälen, dass die weiße Haut mit entfernt wird. Die Ente mit den Orangen füllen und mit Holzspießchen verschließen.

2 Den Backofen auf 120 °C vorheizen. Den Fond in einem Bräter erhitzen. Die Ente mit der Brustseite nach unten hineinlegen und im vorgeheizten Ofen 4 1/2 Stunden garen, dabei ab und zu mit Bratensaft begießen. Nach 3 Stunden die Ente wenden.

3 Das Suppengemüse putzen bzw. schälen und waschen. Die Zwiebel schälen und alles klein schneiden. Nach 2 Stunden Garzeit Gemüse und Zwiebel zur Ente geben.

4 Inzwischen die restlichen Orangen waschen, die Schale mit einem Zestenreißer abziehen und den Saft auspressen. Zucker in einem Topf hellbraun karamellisieren, mit 1/8 l Wasser, Orangensaft und Essig ablöschen. Die Orangenschale dazugeben und etwa 20 Minuten köcheln.

5 Die Ente aus dem Bräter nehmen und den Grill einschalten. Die Ente auf dem Ofengitter mit einem Abtropfblech darunter 10 bis 15 Minuten knusprig bräunen.

6 Das Fett vom Bratensatz abschöpfen, die Sauce durch ein Sieb passieren und mit der Orangensauce mischen. Die Stärke mit 2 EL kaltem Wasser glatt rühren. Die Sauce aufkochen lassen, die Stärke unterrühren und 1 Minute kochen lassen. Die Orangenmarmelade unterrühren. Die Ente zerteilen und mit der Sauce servieren. Dazu gibt's Baguette.

Wildente
auf dreierlei Gemüse

Wenn das Herbstlaub raschelt: Deftige Schmorgerichte schmecken am besten, wenn's draußen kühler wird

Zutaten

2 Wildenten (à ca. 900 g; küchenfertig)
Salz · Pfeffer aus der Mühle
1 Bund Thymian
2 EL Butterschmalz
400 ml Cidre
4 große Möhren
800 g kleine festkochende Kartoffeln
3 Knoblauchzehen
700 g Kürbisfruchtfleisch (Hokkaido- oder Moschuskürbis)
frisch geriebene Muskatnuss

Zubereitung

FÜR 4 PERSONEN

1 Die Enten waschen, trocken tupfen und mit Salz und Pfeffer einreiben. Die Thymianzweige waschen, trocken schütteln und mit der Hälfte die Enten füllen. Vom restlichen Thymian die Blätter abzupfen und hacken.

2 Den Backofen auf 100 °C vorheizen. Das Schmalz erhitzen und die Enten darin rundum 6 bis 7 Minuten anbraten. Cidre in einen Bräter gießen, erhitzen und salzen und pfeffern. Die Enten mit der Brustseite nach unten in den Bräter legen und im vorgeheizten Ofen etwa 3 Stunden garen. Nach 1 1/2 Stunden die Enten wenden.

3 Die Möhren putzen, schälen und in mundgerechte Stücke schneiden. Die Kartoffeln waschen und abbürsten. Knoblauch schälen und in feine Scheiben schneiden. Alles mit dem gehackten Thymian in eine Schüssel geben und beiseitestellen.

4 Den Kürbis entkernen, schälen und in etwa 1 1/2 cm große Würfel schneiden. Den Kürbis zum Gemüse geben und mit Muskat würzen. Das Gemüse nach 1 1/2 Stunden, wenn die Enten gewendet werden, in den Bräter geben. Für eine schöne Kruste zum Schluss den Grill einschalten und die Enten auf dem Ofengitter mit einem Abtropfblech darunter 5 bis 10 Minuten knusprig bräunen, dabei mit etwas Sauce bepinseln.

Tipp

Am besten schmecken Wildenten, die noch nicht so alt sind. Das Fleisch junger Enten ist zarter und der Geschmack nicht so streng. Wenn es keine frischen Enten gibt, nehmen Sie tiefgekühlte.

Gans mit Rotkohl
und Brezenknödeln

Ein wahrer Festtagsschmaus: Wenn ein verführerischer Duft die Küche erfüllt, hat sich das lange Warten gelohnt

Zutaten

Für die Gans:

1 Gans (4–5 kg; küchenfertig)
Salz · Pfeffer aus der Mühle
4 EL Öl
2 Äpfel (z.B. Boskop)
2 Zwiebeln
400 ml trockener Weißwein

Für die Knödel:

8 Brezen (vom Vortag)
1/4 l warme Milch
1 Zwiebel
1 TL Butter
2 EL gehackte Petersilie
3 Eier
Salz · Pfeffer aus der Mühle
1 TL gehackte Petersilie

Für den Rotkohl:

1 kg Rotkohl
1 große Zwiebel · 2 EL Butter
2 süße Äpfel
1 Schuss Rotwein
Salz · Pfeffer aus der Mühle
3 Lorbeerblätter
6 Gewürznelken
4 EL Preiselbeermarmelade

Zubereitung

FÜR 6 PERSONEN

1 Den Backofen auf 120 °C vorheizen. Die Gans innen und außen waschen und mit Küchenpapier trocken tupfen. Die Gans außen und innen mit Salz und Pfeffer einreiben. Das Öl in einem Bräter bei mittlerer Hitze erhitzen. Die Gans darin zuerst auf den Keulenseiten anbraten, wenden und auf der Brustseite braten, bis die Haut etwas Farbe bekommt.

2 Die Gans auf den Rücken drehen. Im Bräter im Backofen etwa 7 Stunden garen. Dabei gelegentlich mit Bratfett begießen. Die Gans zum Schluss auf dem Ofengitter unter dem Grill 20 Minuten knusprig bräunen. Auf eine Platte legen und im Ofen warm halten. Äpfel und Zwiebeln schälen. Äpfel entkernen und wie die Zwiebeln in Würfel schneiden. So viel Fett aus dem Bräter abgießen, dass etwa 8 EL übrig bleiben. Äpfel und Zwiebeln darin anbraten, mit Wein ablöschen und etwas einkochen lassen. Die Sauce pürieren und die Gans zerlegen.

3 Für die Knödel die Brezen in dünne Scheiben schneiden und mit der Milch begießen. 20 bis 30 Minuten quellen lassen. Nach 10 Minuten einmal vermischen. Die Zwiebel schälen, hacken und in der Butter glasig dünsten. Die Brezen mit Zwiebel, Petersilie und Eiern verrühren, salzen und pfeffern. Aus der Masse mit feuchten Händen 6 Knödel formen und in siedendem Salzwasser etwa 25 Minuten gar ziehen lassen.

4 Rotkohl putzen und in Streifen schneiden oder hobeln. Zwiebel schälen und klein schneiden. In der Butter glasig dünsten. Den Kohl dazugeben und 5 Minuten unter Rühren mitdünsten. Äpfel schälen, entkernen und in Würfel schneiden. Hinzufügen und mit dem Rotwein ablöschen. 200 ml Wasser dazugießen und gut verrühren. 2 TL Salz, Pfeffer, Lorbeerblätter und Gewürznelken unterrühren und zugedeckt etwa 30 Minuten köcheln lassen. Ab und zu umrühren. Es sollte immer genug Flüssigkeit im Topf sein. Das Kraut mit Marmelade abschmecken und zur Gans und den Knödeln servieren.

Gänsekeule

mit Maronen

Zutaten

6 Gänsekeulen (à ca. 450–500 g)
Salz · Pfeffer aus der Mühle
350 ml Gemüsebrühe
(ersatzweise 100 ml Weißwein)
50 g Butter
500 g geschälte Maronen
(Esskastanien)
6 Birnenhälften (z. B. Williams
Christ; aus der Dose)
6 TL Preiselbeerkompott
1 EL Speisestärke

Zubereitung

FÜR 6 PERSONEN

1 Den Backofen auf 100 °C vorheizen. Die Gänsekeulen mit Salz und Pfeffer einreiben. Mit der Haut nach unten in einen Bräter legen, etwa 200 ml kochendes Wasser angießen und zugedeckt im Ofen 1 1/2 bis 2 Stunden garen.

2 Die Gänsekeulen wenden und die Haut mit einem spitzen Messer einstechen, damit das Fett austreten kann. 100 ml heiße Gemüsebrühe angießen und die Keulen 1 bis 1 1/2 Stunden weiterbraten, ab und zu mit Bratfond begießen. Etwa 20 Minuten vor Garzeitende den Deckel abnehmen, die Temperatur auf 250 °C erhöhen und die Keulen mehrmals mit kaltem Salzwasser bestreichen; so werden sie schön knusprig.

3 Die Butter in einem Topf erhitzen, die Maronen dazugeben, die restliche Brühe angießen und 20 Minuten garen, dabei öfter umrühren. Die Birnen abtropfen lassen und mit Kompott füllen.

4 Die Keulen aus dem Bräter nehmen und warm halten. Die Röststoffe im Bräter mit einem Pinsel ablösen und das Fett abschöpfen. Speisestärke mit 3 EL kaltem Wasser glatt rühren. In die Sauce rühren und kurz aufkochen. Die Keulen mit Sauce, Birnen und Maronen anrichten.

Wildente
mit Senf-Anis-Sauce

Zutaten

2 Zweige Thymian
je 1 Bund Basilikum und Petersilie
8 Möhren
4 Petersilienwurzeln
2 unbehandelte Orangen
4 Knoblauchzehen · 4 Schalotten
300 g Zuckerschoten
2 Wildenten (à 800 g; küchenfertig)
Pfeffer aus der Mühle
4 EL Süßrahmbutter
4 Sternanis · 2 EL Senfkörner
60 ml Grand Marnier
2 TL Rohrzucker · Meersalz

Zubereitung

FÜR 4 PERSONEN

1 Kräuter waschen, trocken schütteln und klein hacken. Möhren und Petersilienwurzeln putzen, schälen und in Stücke schneiden, die Schalen waschen und beiseitelegen. Orangen waschen, die Schale abreiben und die Früchte auspressen. Knoblauch und Schalotten schälen und klein schneiden, Zuckerschoten putzen und waschen.

2 Enten waschen und trocken tupfen, Brüste und Keulen auslösen. Mit Pfeffer würzen. Aus den Karkassen, 300 ml Wasser und den Gemüseschalen etwa 1 Stunde einen Fond kochen.

3 Backofen auf 85 °C vorheizen. Die Butter in einer Pfanne erhitzen. Die Entenkeulen darin rundum 10 Minuten anbraten. Thymian, Knoblauch, Schalotten, Sternanis und Senfkörner hineingeben. Die Entenbrüste mit der Hautseite nach unten darin kräftig anbraten. Herausnehmen. Die Keulen im Ofen 1 1/2 Stunden garen. Nach 30 Minuten die Brüste dazugeben.

4 Den Fond einköcheln lassen. Orangenschale, -saft, Petersilie, Basilikum, Grand Marnier, Zucker, Zuckerschoten und das Wurzelgemüse dazugeben, 10 Minuten garen. Die Entenstücke auf dem Gemüse anrichten, mit Meersalz würzen.

Gratinierter Rehrücken
mit Sellerie-Birnen-Püree

Statt Gänsebraten: Wer seine Familie zu Weihnachen mal mit etwas anderem verwöhnen will, versucht's mit Rehrücken

Zutaten

100 g Nüsse (z. B. Walnüsse und/oder Haselnüsse)
3 EL Zucker
50 g getrocknete schwarze Oliven (ohne Stein)
2 EL weiche Butter
1 EL gehackter Rosmarin
300 ml Glühwein oder Rotwein
1 Msp. Lebkuchengewürz
600 g Rehrücken (ausgelöst)
2 EL Butter
300 g Knollensellerie · Salz
4 Birnen
100 g Sahne

Zubereitung

FÜR 4 PERSONEN

1 Die Nüsse mit 1 EL Zucker in einer Pfanne karamellisieren, abkühlen lassen und mit dem Messer fein hacken. Die Oliven ebenfalls hacken. Die weiche Butter mit dem Nusskrokant, den Oliven und dem Rosmarin verkneten. Zwischen zwei Lagen Backpapier 1/2 cm dick ausrollen und kalt stellen.

2 Den Backofen auf 80 °C vorheizen. Den Wein, den restlichen Zucker und das Lebkuchengewürz sirupartig einkochen lassen. Den Rehrücken in einer Pfanne mit der Butter anbraten und mit dem Sirup bestreichen. Auf dem Ofengitter mit einem Abtropfblech darunter im Backofen 60 bis 70 Minuten garen.

3 Den Sellerie schälen und in 1 cm große Würfel schneiden. In Salzwasser zugedeckt 20 Minuten garen. Die Birnen schälen, vierteln und entkernen. In Spalten schneiden und etwa 5 Minuten mit dem Sellerie mitgaren. Die Hälfte der Birnen mit dem Sellerie und der Sahne pürieren. Mit Salz würzen.

4 Die Krokantbutter in Stücke schneiden und auf dem Rehrücken verteilen. Den Backofengrill einschalten. Das Fleisch etwa 5 Minuten gratinieren.

5 Den Rehrücken in acht gleich große Stücke teilen und auf vier Teller mit dem Selleriepüree anrichten. Mit den restlichen Birnenspalten und etwas Rosmarin garnieren.

Rehmedaillons
mit Feigen-Chutney

Appetizer aus der Sterneküche: Wenn Sie mal ganz besondere Gäste erwarten, ist dieser kleine feine Leckerbissen genau das Richtige

Zutaten

6 Rehrückenmedaillons (à 60 g; küchenfertig)
Salz
1/2 EL Butterschmalz
1/2 TL Szechuanpfeffer
2 Schalotten
1 TL Butter
1 Schuss Rotwein (50 ml)
60–80 ml Gemüsebrühe
3 Zweige Thymian
6 Feigen
1 EL Walnussöl

Zubereitung

FÜR 4–6 PERSONEN

1 Den Backofen auf 85 °C vorheizen. Die Rehrückenmedaillons auf beiden Seiten mit Salz würzen. In einer beschichteten Pfanne im heißen Butterschmalz bei mittlerer Hitze rundum leicht braun anbraten. Die Medaillons mit Szechuanpfeffer bestreuen und in eine ofenfeste Form legen. Die Medaillons im vorgeheizten Ofen 20 bis 25 Minuten rosa garen.

2 In der Zwischenzeit die Schalotten schälen, in feine Würfel schneiden und in einem kleinen Topf in der heißen Butter andünsten. Mit Rotwein ablöschen und so viel Brühe dazugießen, dass die Schalotten gerade bedeckt sind. Die Thymianzweige waschen, trocken schütteln und zu den Schalotten geben. So lange kochen lassen, bis die Flüssigkeit fast eingekocht ist.

3 Die Feigen putzen, waschen und in kleine Würfel schneiden. Das Fruchtfleisch zu den Schalotten geben, untermischen und mit etwas Salz würzen. Feigen und Schalotten bei mittlerer Hitze zu einem Chutney einköcheln lassen. Die Thymianzweige entfernen und das Chutney auf kleine Teller verteilen. Die Medaillons halbieren, mit dem Walnussöl beträufeln und auf dem Chutney anrichten.

Tipp

Frische Feigen passen wunderbar zu Wildgerichten. Wer keine Feigen mag oder keine bekommt, kann stattdessen aber auch Birne verwenden und wie oben beschrieben zu einem Chutney kochen.

Hirschrücken in Haselnusskruste

Zwölf- oder Sechzehnender? Je jünger das Tier, desto zarter das Fleisch – verborgen unter einer knusprigen Kruste

Zutaten

1 Zweig Rosmarin

3 Zweige Thymian

1 Schalotte

3 Wacholderbeeren

1 EL Butterschmalz

800 g Damhirschrücken (küchenfertig; von Haut und Sehnen befreit)

Salz · Pfeffer aus der Mühle

140 g Butter

1 Eigelb

100 g gehackte Haselnüsse

50 g Paniermehl

50 g Zucker

2 EL Ahornsirup

150 g Sahne

200 g Maronen (tiefgekühlt oder vakuumverpackt)

1 EL Kirschwasser

Zubereitung

FÜR 4 PERSONEN

1 Den Backofen auf 85 °C vorheizen. Rosmarin- und Thymianzweige waschen und trocken schütteln. Die Schalotte schälen und halbieren. 2 Wacholderbeeren zerdrücken, die restliche Wacholderbeere im Mörser fein mahlen. Das Butterschmalz erhitzen und den Damhirschrücken darin rundum anbraten. Den Rosmarin, 2 Thymianzweige und die zerdrückten Wacholderbeeren dazugeben und mit Salz und Pfeffer würzen. Den Damhirschrücken auf das Ofengitter mit einem Abtropfblech darunter legen, die Kräuter darauf verteilen und das Fleisch etwa 60 Minuten im Backofen garen. Eventuell einmal wenden. Anschließend herausnehmen und ruhen lassen.

2 Vom restlichen Thymianzweig die Blätter abzupfen und fein hacken. 120 g Butter schaumig schlagen. Eigelb, gemahlene Wacholderbeere und gehackten Thymian dazugeben und alles gut verrühren. Haselnüsse in einer Pfanne ohne Fett goldbraun rösten, abkühlen lassen und mit dem Paniermehl unter die Buttermasse rühren. Mit Salz und Pfeffer abschmecken.

3 Die Haselnussmasse in einen aufgeschnittenen Gefrierbeutel verteilen und zwischen den Hälften flach drücken (in der Größe des Hirschrückens). Im Kühlschrank fest werden lassen. Die Masse auf den Damhirschrücken legen, leicht andrücken. Den Backofengrill einschalten und das Fleisch etwa 3 Minuten überbacken, bis die Kruste goldbraun ist.

4 Den Zucker in einer Pfanne unter ständigem Rühren hellbraun karamellisieren. Mit Ahornsirup ablöschen und 20 g Butter dazugeben. Mit der Sahne auffüllen und kurz einkochen lassen. Die Maronen hinzufügen, kurz mitgaren und mit Kirschwasser verfeinern.

5 Den Hirschrücken in Scheiben schneiden und mit Maronen servieren. Dazu passen sehr gut Spätzle und Preiselbeeren.

Hirschkarree
mit Selleriepüree

Weidmannsdank: Edles Wildbret ergänzt sich mit der süßsäuerlichen Fruchtsauce und Selleriepüree geschmacklich aufs Feinste

Zutaten

1 Hirschkarree (ca. 600 g; mit Knochen)
Meersalz
Pfeffer aus der Mühle
4 Zweige Rosmarin
2 EL Olivenöl
100 ml Rotwein
100 ml Wildfond
100 ml Brombeersaft
100 g Brombeeren
600 g Knollensellerie
100 ml Milch
2 EL Butter
frisch geriebene Muskatnuss

Zubereitung

FÜR 4 PERSONEN

1 Den Backofen auf 85 °C vorheizen. Das Hirschkarree im Ganzen salzen und pfeffern. Die Rosmarinzweige waschen und trocken schütteln. Das Öl in einer Pfanne erhitzen und das Hirschkarree darin rundum braun anbraten. Das Hirschkarree auf das Ofengitter mit einem Abtropfblech darunter legen, 2 Rosmarinzweige darauf verteilen und im vorgeheizten Ofen 50 bis 60 Minuten rosa braten.

2 Den Bratensatz mit Rotwein, Wildfond und Brombeersaft ablöschen. Die restlichen Rosmarinzweige dazugeben und die Flüssigkeit bei starker Hitze einkochen lassen. Die Brombeeren waschen, trocken tupfen und dazugeben, mit Salz und Pfeffer abschmecken.

3 Den Sellerie schälen und in Würfel schneiden. In Salzwasser etwa 20 Minuten weich kochen. Durch die Kartoffelpresse drücken und gut ausdampfen lassen. Die Milch erhitzen, mit der Butter dazugeben und alles gründlich zu einem Püree verrühren. Mit Salz, Pfeffer und Muskat abschmecken.

4 Das Hirschkarree aus dem Ofen nehmen und etwas ruhen lassen. Das Fleisch in vier Stücke schneiden und auf dem Selleriepüree anrichten. Die Brombeersauce darum herum verteilen und servieren.

Tipp

Sie können auch mal ein Sellerie-Kartoffel-Püree probieren: Dafür das Püree mit je 300 g Sellerie und Kartoffeln zubereiten. Sehr lecker schmeckt das Püree auch mit Sellerie und Esskastanien.

Hirschfleisch
mit Kirschsauce

Zutaten

800 g festkochende Kartoffeln

Salz

800 g Hirschrücken (küchenfertig; von Haut und Sehnen befreit)

6 EL Öl

100 ml Rotwein

200 ml Wildfond

100 ml Kirschsaft

4 Wacholderbeeren

1 Lorbeerblatt

200 g Kirschen (entsteint)

Pfeffer aus der Mühle

4 EL saure Sahne

Zubereitung

FÜR 4 PERSONEN

1 Die Kartoffeln schälen, waschen und in etwa 1/2 cm dicke Scheiben schneiden. Sternförmig ausstechen und in kochendem Salzwasser etwa 10 Minuten nicht ganz gar kochen lassen. Herausnehmen, abschrecken und trocken tupfen.

2 Den Backofen auf 80 °C vorheizen. Den Hirschrücken in etwa 1 cm dicke Scheiben schneiden. 2 EL Öl erhitzen und den Hirschrücken darin auf beiden Seiten ganz kurz scharf anbraten. Auf ein Backblech legen und im vorgeheizten Ofen 10 bis 15 Minuten rosa garen.

3 Den Bratensatz in der Pfanne mit Rotwein, Fond und Kirschsaft ablöschen. Wacholderbeeren und Lorbeerblatt dazugeben und die Sauce einkochen lassen. Die Gewürze wieder herausnehmen, die Kirschen dazugeben und in der Sauce heiß werden lassen. Mit Salz und Pfeffer abschmecken.

4 Die Kartoffeln im restlichen Öl auf beiden Seiten jeweils 4 bis 5 Minuten goldbraun braten. Das Hirschfleisch in Scheiben schneiden und mit der Kirschsauce und den Bratkartoffelsternen anrichten. Mit je einem Klecks saurer Sahne garnieren.

Pfeffersteak vom Hirsch
mit Rotweinschalotten

Zutaten

4 Hirschkalbsrücken-Steaks (à ca. 160 g)
8 Scheiben durchwachsener Speck
Salz
2 EL zerstoßener bunter Pfeffer
2 EL Öl
4 Zweige Rosmarin
8 Schalotten
1/2 l Rotwein
60 g Zucker
2 EL Aceto balsamico
100 g kalte Butter

Zubereitung

FÜR 4 PERSONEN

1 Den Backofen auf 85 °C vorheizen. Die Steaks leicht klopfen, mit je 2 Scheiben Speck umwickeln und mit Küchengarn festbinden. Die Steaks salzen und den Pfeffer auf beiden Seiten fest auf die Steaks drücken.

2 Das Öl erhitzen und die Steaks darin auf beiden Seiten anbraten. Den Rosmarin waschen und trocken schütteln. Die Steaks auf das Ofengitter mit einem Abtropfblech darunter geben und mit Rosmarin belegen. Im vorgeheizten Ofen 35 bis 50 Minuten garen.

3 Die Schalotten schälen und je nach Größe ganz lassen oder halbieren.

4 Den Bratensatz mit Rotwein ablöschen, Zucker und Balsamico dazugeben, aufkochen lassen, Schalotten dazugeben und die Sauce etwa 20 Minuten köcheln lassen, bis sie eine sirupartige Konsistenz hat. Mit Salz abschmecken. Vom Herd nehmen und die Butter in Stücken unterrühren. Das Fleisch auf vorgewärmten Tellern anrichten, die Sauce drum herum angießen und servieren. Nach Belieben Serviettenknödel dazu reichen.

Kaninchenkeule
mit gefüllten Zwiebeln

Nichts für die Jeden-Tag-Küche: Mit dieser kreativen Rezeptidee können Sie bei Familienfeiern sicher Eindruck machen

Zutaten

Für das Fleisch:

4 Kaninchenkeulen (à 280 g)

Salz · Pfeffer aus der Mühle

2–3 EL Öl

1/2 Bund Majoran

100 ml Aceto balsamico

4 EL Zucker

1/2 l Geflügelfond

Für die Zwiebeln:

125 g Toastbrot

50 g Butter

100 ml Milch

1 Ei · 1 Eigelb

Salz · Pfeffer aus der Mühle

8 mittelgroße weiße Zwiebeln

Außerdem:

4 kleine Äpfel

1 EL Butter

200 g Crème double

Zubereitung

FÜR 4 PERSONEN

1 Die Kaninchenkeulen salzen und pfeffern, in einer Pfanne im Öl hellbraun anbraten und in eine ofenfeste Form geben. Majoran waschen, trocken schütteln und einige Blätter in die Pfanne geben. Den restlichen Majoran hacken.

2 Den Backofen auf 120 °C vorheizen. Den Essig und den Zucker sirupartig in einem kleinen Topf einkochen lassen und mit Geflügelfond ablöschen. Alles über die Kaninchenkeulen gießen. Die Kaninchenkeulen im Ofen 3 Stunden garen.

3 Das Toastbrot in kleine Würfel schneiden. Die Butter erhitzen und die Hälfte des Toastbrots darin goldbraun braten und mit dem Rest des Toastbrots mischen. Die Milch erwärmen und Ei, Eigelb sowie restlichen Majoran unterrühren und mit Salz und Pfeffer würzen. Alles mit den Brotwürfeln mischen.

4 Die Zwiebeln schälen und quer halbieren. Das Innere der Zwiebeln bis auf die drei äußersten Schichten aushöhlen. Die Brotmasse hineinfüllen und die Zwiebelhälften wieder zusammensetzen. Die Zwiebeln 1 1/2 Stunden vor Ende der Garzeit zu den Kaninchenkeulen geben und mitgaren. Oder in eine gefettete Auflaufform setzen und im Ofen garen.

5 Die Äpfel waschen, mit einem Apfelausstecher entkernen und in Scheiben schneiden. In der Butter 4 Minuten braten. Falls nötig, die Zwiebeln aus dem Topf nehmen und die Crème double zu den Keulen in die Sauce geben. Verrühren und erwärmen, aber nicht mehr kochen lassen. Die Sauce abschmecken und die Kaninchenkeulen mit der Sauce auf Teller verteilen. Je 2 gefüllte Zwiebeln und die Äpfel dazu servieren. Nach Belieben mit Majoranblättern garnieren.

Fisch

Rotbarben
aus dem Ofen

Mit Kräuteraroma: Erst wenn sie aus dem Ofen kommt, ist die edle Delikatesse aus dem Meer ein echter Hochgenuss

Zutaten

4 Rotbarben (à etwa 300 g; küchenfertig; ohne Kopf)
2 Knoblauchzehen
1 Zweig Rosmarin
1 unbehandelte Zitrone
1 Bund Petersilie
70–80 g Paniermehl
Salz · Pfeffer aus der Mühle
4 dünne Scheiben Parmaschinken
4–5 EL Olivenöl

Zubereitung

FÜR 4 PERSONEN

1 Die Rotbarben innen und außen waschen, mit Küchenpapier trocken tupfen und in eine Form legen.

2 Den Knoblauch schälen und in Scheiben schneiden. Den Rosmarin waschen, die Nadeln abstreifen und grob hacken. Die Zitrone heiß waschen und trocken reiben, etwas Schale fein abreiben, dann die Zitrone auspressen. Zitronensaft und -schale, den Knoblauch und den Rosmarin zu einer Marinade verrühren. Die Rotbarben mit der Zitronenmarinade beträufeln und 30 Minuten ziehen lassen.

3 Den Backofen auf 100 °C vorheizen. Die Petersilie waschen und trocken schütteln, die Blätter von den Stielen zupfen und fein hacken. Die Petersilie und das Paniermehl in einem tiefen Teller mischen. Die Rotbarben aus der Marinade nehmen, leicht trocken tupfen und mit Salz und Pfeffer würzen. Die Fische im Paniermehl-Mix wenden.

4 Die Rotbarben jeweils mit 1 Scheibe Parmaschinken umwickeln. 2 EL Öl in einer Pfanne erhitzen und die Fische darin auf beiden Seiten 1 bis 2 Minuten anbraten. Nebeneinander auf ein Backblech legen, mit dem restlichen Öl beträufeln und im vorgeheizten Ofen auf der mittleren Schiene 40 Minuten garen. Nach Belieben mit Zitronenspalten garniert servieren.

Tipp

Dazu passt gedünsteter Blattspinat: 800 g frischen Blattspinat blanchieren und mit 1 klein gehackten Knoblauchzehe und 3 eingelegten klein geschnittenen Sardellenfilets in Butter dünsten.

Dorade
mit Pilzfüllung

Gut gefüllt, ist halb gegessen: Es muss nicht immer Petersilie sein, die Fischen den letzten Schliff gibt – auch Pilze sorgen für Geschmack

Zutaten

100 g Champignons
1 rote Zwiebel
2 Knoblauchzehen
½ Bund Thymian
1 Dorade (ca. 800 g; küchenfertig)
grobes Meersalz
Pfeffer aus der Mühle
4 EL Olivenöl

Zubereitung

FÜR 2 PERSONEN

1 Die Champignons putzen, trocken abreiben und in Scheiben schneiden. Die Zwiebel schälen und in Streifen schneiden. Den Knoblauch schälen und in feine Scheiben schneiden. Den Thymian waschen und trocken schütteln. Pilze, Zwiebel, Knoblauch und Thymian vermischen.

2 Den Backofen auf 100 °C vorheizen. Die Dorade waschen, trocken tupfen und innen salzen und pfeffern. Mit etwa der Hälfte der Pilzmischung füllen und mit Küchengarn zusammenbinden. 2 EL Olivenöl in einer Pfanne erhitzen und die Dorade darin auf jeder Seite etwa 1 Minute anbraten. Die restlichen Pilze kurz mitbraten. In eine Auflaufform geben und den Fisch daraufsetzen. Mit dem restlichen Öl beträufeln und mit Salz und Pfeffer würzen.

3 Den Fisch im vorgeheizten Ofen etwa 50 Minuten schmoren. Nach der Hälfte der Garzeit wenden und erneut salzen und pfeffern. Vor dem Servieren das Küchengarn entfernen. Dazu können Sie italienisches Weißbrot oder Salzkartoffeln reichen.

Tipp

Doraden heißen auch Goldbrassen und kommen aus dem Mittelmeer. Ihr Fleisch ist fest, sehr schmackhaft und sie haben weniger Gräten als ihre Verwandten, die Rotbrassen.

Doradenfilet
mit Fenchel und Tomaten

Zutaten

400 g Fenchel

1 Knoblauchzehe

80 ml Olivenöl

Salz · Pfeffer aus der Mühle

4 EL Anislikör

100 ml trockener Weißwein

1/4 l Fischfond

1 EL Fenchelsamen

4 Tomaten

4 Doradenfilets (à 200 g)

3 EL gehackter Dill

Zubereitung

FÜR 4 PERSONEN

1 Vom Fenchel die Strünke herausschneiden und die äußeren Blätter ablösen. Beides waschen und grob hacken. Knoblauch schälen und halbieren. 4 EL Olivenöl erhitzen. Strünke und Blätter mit dem Knoblauch darin andünsten. Salzen und pfeffern. Mit Anislikör ablöschen, mit Wein und Fond auffüllen. Fenchelsamen dazugeben. Etwa 30 Minuten köcheln lassen.

2 Tomaten überbrühen, häuten, vierteln, entkernen und in Würfel schneiden. Die Fenchelknollen in etwa 1/2 cm dicke Scheiben schneiden.

3 Fenchelsud in ein Sieb abgießen. Den Sud wieder in den Topf geben, erhitzen und die Fenchelscheiben darin etwa 8 Minuten bissfest garen. Den Backofen auf 100 °C vorheizen.

4 Die Fischfilets salzen und pfeffern. Fenchelscheiben abtropfen lassen und den Sud auffangen. Fenchelscheiben auf 4 Blätter Backpapier (20 x 30 cm) verteilen. Tomaten und Dill daraufgeben. Je 1 Doradenfilet daraufsetzen und mit dem restlichen Olivenöl und etwas Fenchelsud beträufeln. Das Backpapier gut verschließen und den Fisch auf einem Backblech im Ofen 25 bis 30 Minuten garen.

Heilbuttfilet

mit Paprika und Zucchini

Zutaten

1 Petersilienwurzel

1 Zwiebel

1 Zucchino

1 rote Paprikaschote

250 g kleine Kartoffeln

4 EL Öl

Salz · Pfeffer aus der Mühle

2 Heilbuttfilets (à ca. 150 g)

Saft von 1 Zitrone

2 Zweige Thymian

1 Scheibe Frühstücksspeck

1 Tomate

Zubereitung

FÜR 2 PERSONEN

1 Den Backofen auf 100 °C vorheizen. Die Petersilienwurzel schälen und in Würfel schneiden. Die Zwiebel schälen und längs in Streifen schneiden. Zucchino und Paprika putzen, waschen und klein schneiden. Die Kartoffeln abbürsten, waschen und vierteln. 2 EL Öl erhitzen und das Gemüse darin etwa 10 Minuten dünsten. Mit Salz und Pfeffer würzen.

2 Die Fischfilets mit Zitronensaft beträufeln und salzen. 2 Blätter Backpapier mit Öl bestreichen und die Fischfilets daraufgeben. Den Thymian waschen und trocken schütteln. Gemüse und Thymian zum Fisch geben.

3 Restlichen Zitronensaft mit dem übrigen Öl, Salz und Pfeffer verrühren und über den Fisch träufeln. Das Backpapier zu Päckchen verschließen und 25 bis 30 Minuten im Backofen garen.

4 Den Frühstücksspeck in Streifen schneiden und in einer Pfanne knusprig braten. Tomate überbrühen, häuten, vierteln und entkernen. Zum Servieren die Fischfilets mit den Tomatenvierteln und dem Speck garnieren.

Kabeljau im Pancetta-Mantel
mit Kartoffel-Orangen-Püree

Mit Speck fängt man Fische? Oder er gibt dem zarten Kabeljaufleisch erst das schöne Kleid und dann die nötige Würze

Zutaten

2 Kabeljaufilets (ca. 200 g; ohne Haut)
2 Zweige Rosmarin
Meersalz
grob gemahlener Pfeffer
8 dünne Scheiben Pancetta (ital. luftgetrockneter Bauchspeck vom Schwein)
3 Kartoffeln · Salz
1 Orange
2 Knoblauchzehen
2–3 EL Olivenöl
1 Schuss Gemüsebrühe
1 Schuss Olivenöl

Zubereitung

FÜR 2 PERSONEN

1 Die Kabeljaufilets auf Gräten kontrollieren und diese, falls nötig, entfernen. Die Filets längs halbieren. Den Rosmarin waschen, trocken schütteln, die Nadeln abzupfen und fein hacken. Die Fischfilets auf beiden Seiten mit Rosmarin, Meersalz und Pfeffer würzen.

2 Die Speckscheiben leicht überlappend ausbreiten. Die Fischfilethälften quer darauflegen, sodass jeweils die breiten und schmalen Enden übereinanderliegen. Die Fischfilets in den Speck einrollen.

3 Für das Kartoffel-Orangen-Püree die Kartoffeln schälen, halbieren und in Salzwasser gar kochen. Die Orange so schälen, dass auch die weiße Haut mit entfernt wird. Die Fruchtfilets auslösen, den dabei abtropfenden Saft auffangen und aus den Trennhäuten ebenfalls noch etwas Saft pressen.

4 Den Backofen auf 100 °C vorheizen. Den Knoblauch mit dem Messer zerdrücken. Die Kabeljaurolle rundum mit dem Knoblauch im Olivenöl in einer Pfanne anbraten. In einer Auflaufform im Ofen etwa 30 Minuten ziehen lassen.

5 Die gegarten Kartoffeln, etwas Brühe und den Orangensaft mit dem Kartoffelstampfer zu einem feinen Püree zerdrücken. Dabei etwas Olivenöl einlaufen lassen. Das Püree mit Meersalz und Pfeffer würzen und nochmals erwärmen.

6 Zum Servieren das Püree auf eine vorgewärmte Platte geben, mit den Orangenfilets garnieren, das Kabeljaufilet portionieren und darauf anrichten.

Fischfilet
mit Kartoffel-Senf-Kruste

Zutaten

400 g Kabeljaufilet (ersatzweise Alaska-Seelachs-Filet)

2 kleine Kartoffeln

2 Frühlingszwiebeln

1 EL Butter

Salz · Pfeffer aus der Mühle

1 TL Meerrettich (aus dem Glas)

1 EL Dijon-Senf

Butter für die Form

1/8 l Weißwein

Zubereitung

FÜR 2 PERSONEN

1 Das Fischfilet in zwei gleich große Stücke teilen. Die Kartoffeln schälen, auf einer Reibe grob raspeln, in ein Sieb geben und mit Wasser abbrausen. Restliche Flüssigkeit mit den Händen ausdrücken, die Kartoffeln auf ein sauberes Küchentuch legen und etwas trocken tupfen.

2 Die Frühlingszwiebeln putzen, waschen und in feine Ringe schneiden. Die Butter erhitzen und die Frühlingszwiebeln mit den Kartoffelraspeln in der heißen Butter anbraten. Mit Salz und Pfeffer würzen.

3 Vom Herd nehmen, Meerrettich und Senf dazugeben und alles gut vermischen. Den Fisch salzen und pfeffern, in eine gebutterte ofenfeste Form legen und gleichmäßig mit der Kartoffelmasse bestreichen.

4 Den Backofen auf 100 °C vorheizen. Den Weißwein in die Form gießen und den Fisch im Ofen 30 bis 40 Minuten backen. Dazu passt gedünstete Rote Bete.

Seeteufelfilet im Speckmantel

Zutaten

4 dünne Seeteufelfilets vom Rücken (à 150 g)
2–3 TL Zitronensaft
4 kleine Zweige Salbei
Salz · Pfeffer aus der Mühle
8 dünne Scheiben durchwachsener Speck
1 Zwiebel
2–3 EL Distelöl
200 ml Fischfond
Salbei zum Garnieren

Zubereitung

FÜR 4 PERSONEN

1 Den Seeteufel mit Zitronensaft einpinseln und einige Minuten ziehen lassen. Trocken tupfen und je 1 Zweig Salbei in den Rücken stecken. Den Fisch leicht mit Salz und Pfeffer würzen. Je 2 Speckscheiben leicht überlappend nebeneinanderlegen und jeweils 1 Fischstück darin einwickeln und mit Küchengarn festbinden. Die Zwiebel schälen und in feine Streifen schneiden.

2 Den Backofen auf 100 °C vorheizen. Das Öl erhitzen und die Fisch-Speck-Rollen darin rundum 1 bis 2 Minuten anbraten. In eine Auflaufform setzen und im Ofen 20 bis 25 Minuten gar ziehen lassen.

3 Die Zwiebelstreifen im restlichen Bratfett in der Pfanne braun braten, mit Fischfond ablöschen und mit Salz und Pfeffer abschmecken. Nach Belieben 1 bis 2 TL Speisestärke mit wenig kaltem Wasser glatt rühren und in die Sauce rühren. Noch einmal aufkochen.

4 Das Küchengarn entfernen und den Seeteufel mit der Sauce auf Tellern anrichten und mit Salbei garnieren. Dazu passen Bandnudeln.

Red Snapper
mit Tamarindenpüree

Trendfisch auf dem Vormarsch: Der delikate Speisefisch findet sich immer öfter auf Speisekarten – diesmal mit asiatischen Aromen

Zutaten

10 Stiele Basilikum (oder Thai-Basilikum)
1 Knoblauchzehe
3 EL Tamarindenpüree (aus dem Asienladen)
2 EL Garam Masala
3–4 EL Sesamöl
1 großer Red Snapper (1 kg; küchenfertig)
Salz
2 EL Öl
2 unbehandelte Limetten
Basilikumblätter oder Zitronenblätter zum Garnieren

Zubereitung

FÜR 3–4 PERSONEN

1 Das Basilikum waschen und trocken schütteln, von 6 Basilikumstielen die Blätter abzupfen und hacken. Den Knoblauch schälen und fein hacken. Die Tamarindenpaste mit dem Knoblauch, dem Basilikum, Garam Masala und 1 EL Sesamöl zu einer Würzpaste verrühren.

2 Den Backofen auf 100 °C vorheizen. Den Fisch waschen und trocken tupfen. Im Abstand von 1 cm auf beiden Seiten nicht zu tief quer einschneiden. Die Würzpaste mit einem Küchenpinsel in die Einschnitte und in die Bauchhöhle streichen. Die restlichen Basilikumstiele in der Bauchhöhle verteilen und den Fisch mit dem restlichen Sesamöl bestreichen. Mit Salz auf beiden Seiten würzen.

3 Das Öl in einer Pfanne erhitzen und den Fisch darin auf jeder Seite etwa 1 Minute anbraten. In eine Auflaufform geben und im Backofen etwa 1 Stunde gar ziehen lassen.

4 Die Limetten waschen und trocken reiben. In Spalten schneiden. Den Fisch auf einer vorgewärmten Platte anrichten und mit den Limettenspalten und den Kräutern garnieren. Sofort servieren. Dazu passt Weißbrot.

Tipp

Red Snapper oder Roter Schnapper gehört zu Familie der Barsche und wird hauptsächlich im Golf von Mexiko gefangen. Er hat festes weißes Fleisch. Ersetzen können Sie ihn durch Rotbarbe oder Dorade.

Gefüllte Rotbarbenfilets
mit Safranpüree

Sandwich der besonderen Art: Auf Messer und Gabel sollte man beim Genießen lieber doch nicht verzichten – schon wegen des Pürees

Zutaten

400 g mehlig kochende Kartoffeln · Salz
2 Schalotten
1 Knoblauchzehe
1 rote Paprikaschote
1 Zucchino
1 kleine Aubergine
1 EL Olivenöl
Pfeffer aus der Mühle
8 mittelgroße Rotbarbenfilets (à 100 g)
1 EL weiche Butter
3 EL Semmelbrösel
1 Eigelb
1 EL gehackter Rosmarin
200 ml Milch
1 Döschen Safranfäden (0,1 g)
1 EL Butter

Zubereitung

FÜR 4 PERSONEN

1 Die Kartoffeln waschen und in der Schale in Salzwasser weich garen. Noch heiß pellen.

2 Schalotten und Knoblauch schälen. Paprika, Zucchino und Aubergine putzen und waschen. Alles in feine Würfel schneiden und im Olivenöl andünsten. Mit Salz und Pfeffer abschmecken und etwas abkühlen lassen. Den Backofen auf 100 °C vorheizen.

3 Die Fischfilets salzen und pfeffern. Butter, Semmelbrösel, Eigelb, Rosmarin und die Gemüsewürfel miteinander vermischen. Zwischen je 2 Fischfilets 2 EL Füllung geben und die Fischfilets wie ein Sandwich zusammensetzen. Backpapier mit Butter einfetten und die gefüllten Fische darauf im Ofen auf dem Ofengitter 25 bis 30 Minuten garen.

4 In einem Topf Milch, Safran, Butter, Salz und Pfeffer aufkochen. Die Kartoffeln durch die Presse drücken und mit der Milch zu einem Püree verarbeiten. Warm halten.

5 Den Fisch auf dem Püree anrichten. Nach Belieben noch in Butter geschwenkte Staudenselleriescheiben dazu servieren.

Tipp

Sie können die Rotbarbenfilets auch als Fingerfood für Partygäste anrichten. Dann je 1 Filet mit Füllung bestreichen, zusammenrollen und mit einem Holzspieß feststecken. Im Ofen 15 bis 20 Minuten garen.

Schwertfisch
mit Oliven und Tomaten

Völlig ungefährlich: Ohne sein Schwert ist dieser Mittelmeerfisch ganz harmlos und sein Fleisch eine 1-a-Delikatesse

Zutaten

4 Scheiben Schwertfisch ohne Haut (à 150 g; 1,5 cm dick)
200 ml Olivenöl
200 g Cocktailtomaten
50 g getrocknete Tomaten
1 Bund Basilikum
2 unbehandelte Zitronen
100 g schwarze Oliven (ohne Stein)
50 g Kapern
grobes Meersalz
Pfeffer aus der Mühle
150 g Parmesan

Zubereitung

FÜR 4 PERSONEN

1 Den Backofen auf 100 °C vorheizen. Den Schwertfisch in eine Auflaufform geben und mit Olivenöl umgießen.

2 Die Cocktailtomaten waschen und trocken tupfen. Die getrockneten Tomaten in Würfel schneiden. Basilikum waschen, trocken schütteln und die Blätter abzupfen. Die Zitronen heiß waschen, trocken reiben und die Schale fein abreiben. Alles mit Oliven und Kapern auf dem Fisch verteilen. Mit Salz und Pfeffer würzen. Im Backofen 45 Minuten garen.

3 Den Parmesan fein reiben und portionsweise nacheinander kreisförmig in eine beschichtete Pfanne streuen. Wenn der Parmesan gebräunt ist, den Pfannenboden in kaltes Wasser tauchen und die erstarrten Chips aus der Pfanne nehmen. Nach Belieben formen.

4 Den Fisch und alle Zutaten mit etwas Öl auf Teller verteilen. Die Parmesanchips dazu servieren. Reichen Sie dazu Oliven-Ciabatta, italienische Focaccia oder Baguette.

Tipp

Wenn Sie die Parmesanchips noch warm in eine Tasse oder in Schälchen drücken und dann erkalten lassen, erhalten Sie dekorative Körbchen zum Mitessen, in denen Salat serviert werden kann.

Lachs-Zander-Strudel

auf Meerrettichwirsing

Doppelt hält besser: Den zarten Zander umgibt nicht nur eine feine Fischfarce – verpackt ist das Ganze noch in einer festen Teighülle

Zutaten

Für die Farce:

175 g Lachsfilet (küchenfertig)

Salz · Pfeffer aus der Mühle

175 g Sahne

1 TL scharfer Senf

1 Spritzer Zitronensaft

frisch geriebene Muskatnuss

1 TL gehackter Dill

Für den Strudel:

4 Strudelblätter

(à ca. 20 x 20 cm)

4 EL flüssige Butter

4 Zanderfilets (à 100 g;

küchenfertig)

Salz · Pfeffer aus der Mühle

2 EL Öl

Für den Wirsing:

1/2 Kopf Wirsing · Salz

70 g Sahne

2 EL Sahnemeerrettich

(aus dem Glas)

2 EL kalte Butter

Cayennepfeffer

1 EL gehackte Petersilie

Zubereitung

FÜR 4 PERSONEN

1 Für die Farce das Lachsfilet in kleine Stücke schneiden und mit Salz und Pfeffer würzen. Die Lachsstücke und die Sahne separat 15 bis 20 Minuten im Tiefkühlfach anfrieren lassen.

2 Den Fisch im Blitzhacker so lange pürieren, bis die Masse zu binden beginnt. Den Senf und ein Drittel der Sahne dazugeben und gut unterrühren. Die restliche Sahne in zwei Portionen in die Farce rühren, bis sie glatt und glänzend ist. Mit Zitronensaft und Muskatnuss abschmecken. Den Dill unterrühren.

3 Den Backofen auf 100 °C vorheizen. Die Strudelblätter mit Butter bestreichen. Knapp die Hälfte der Lachsfarce in der Größe der Zanderstücke auf die Strudelblätter streichen. Die Zanderfilets mit Salz und Pfeffer würzen. Die Filets jeweils auf die Farce setzen und die Strudelblätter mit der restlichen Farce rundum bestreichen. Die Strudelblätter über den Filets zusammenklappen, die Ränder fest andrücken.

4 Das Öl in einer Pfanne erhitzen und die Strudelpäckchen darin bei schwacher Hitze zuerst auf der Nahtseite, dann auch auf der anderen Seite goldbraun anbraten. Auf Küchenpapier abtropfen lassen. Die Strudelpäckchen auf ein mit Backpapier ausgelegtes Backblech legen und im vorgeheizten Ofen auf der mittleren Schiene 20 bis 25 Minuten garen.

5 Für den Wirsing den Kohl putzen, in einzelne Blätter teilen, die Blätter halbieren und die harten Rippen entfernen. Wirsing waschen und 10 Minuten in kochendem Salzwasser blanchieren. In ein Sieb abgießen, kalt abschrecken und abtropfen lassen. Mit den Händen ausdrücken und klein schneiden. Den Wirsing mit etwas Sahne in einer Pfanne erhitzen. Die restliche Sahne mit dem Meerrettich gut verrühren und dazugeben. Die Butter unterrühren und den Wirsing mit Salz und Cayennepfeffer abschmecken. Mit Petersilie bestreuen. Die Strudelpäckchen auf dem Wirsing anrichten.

Lachsforellenfilet
mit Roter Bete auf Feldsalat

Zutaten

1 große Rote Bete · Salz

1 EL Sahnemeerrettich

400 g Lachsforellenfilet

Öl für das Blech

1 TL flüssige Butter

1/4 Kästchen Gartenkresse

2 EL saure Sahne

1 TL Zitronensaft

75 g Feldsalat

1 EL Nussöl

Zubereitung

FÜR 2 PERSONEN

1 Die Rote Bete gründlich waschen und mit einer Aufschnittmaschine oder einem scharfen Messer 8 dünne Scheiben abschneiden. In Salzwasser etwa 30 Sekunden blanchieren und eiskalt abschrecken. Auf einem Küchentuch ausbreiten und trocken tupfen. Den Sahnemeerrettich gleichmäßig darauf verteilen.

2 Den Backofen auf 100 °C vorheizen. Das Lachsforellenfilet in 8 längliche Stücke schneiden. Auf die Rote Bete legen und wie Cannelloni aufrollen. Mit etwas Salz würzen, auf ein leicht gefettetes Backblech setzen und mit der flüssigen Butter bestreichen. Im vorgeheizten Ofen 7 bis 12 Minuten glasig garen.

3 Die Kresse waschen und trocken schütteln. Die saure Sahne mit Zitronensaft verrühren und mit Salz würzen. Die Gartenkresse untermischen und kurz ziehen lassen. Den Feldsalat putzen und waschen. Vorsichtig trocken schleudern und mit dem Nussöl marinieren.

4 Die Lachsforellen-Cannelloni auf 2 Teller verteilen, den Kresserahm drum herum träufeln und mit dem Feldsalat anrichten.

Saibling-Basilikum-Rouladen
mit Sellerie-Limetten-Sud

Zutaten

2 Saiblingsfilets (à 120 g; ohne Haut und Gräten)
Meersalz · Pfeffer aus der Mühle
1 TL flüssige Butter
20 Basilikumblätter
1 Schalotte
1 EL Butter
150 ml Weißwein
150 ml Gemüsebrühe
150 g Sahne
abgeriebene Schale und Saft von 1 unbehandelten Limette
1 1/2 EL kalte Süßrahmbutter
2 Stangen Staudensellerie

Zubereitung

FÜR 2 PERSONEN

1 Den Backofen auf 100 °C vorheizen. Die Saiblingsfilets quer halbieren, salzen und pfeffern. Zwei DIN-A4-große Bogen Alufolie mit der flüssigen Butter einpinseln. Basilikum waschen und trocken tupfen.

2 Die Fischfilets mit dem Basilikum belegen und zu Rouladen aufrollen. In die Folien wickeln und die Enden fest zusammendrehen. Die Saiblingrouladen auf dem Ofengitter im Backofen 30 Minuten glasig garen.

3 Die Schalotte schälen und in Würfel schneiden. In der Butter glasig dünsten. Mit Weißwein, Brühe und Sahne auffüllen und 2 bis 4 Minuten köcheln lassen. Mit Limettenschale und -saft sowie Salz und Pfeffer kräftig abschmecken. Die kalte Butter hinzufügen.

4 Den Staudensellerie putzen, waschen und in 1 bis 2 mm dünne Scheiben schneiden. In Salzwasser bissfest blanchieren. In den Limettensud geben und erwärmen. Den Sud mit dem Stabmixer aufschäumen. Die Rouladen mit dem Limettensud servieren. Dazu passen Salzkartoffeln.

Thunfisch im Teigmantel
mit Mango-Chutney

Für Fischfeinschmecker: Sein feines Fleisch macht den Thunfisch sehr begehrt – wird es noch in Teig gewickelt, ist der Genuss perfekt

Zutaten

Für das Chutney:
1 kleine rote Paprikaschote
1 Mango
2 Frühlingszwiebeln
1 Bund Koriander
gemahlener Koriander
Zimtpulver
Salz · Pfeffer aus der Mühle
Reisessig oder
Balsamico bianco

Für den Thunfisch:
2 Blätter Frühlingsrollenteig
(à 20 x 20 cm; tiefgekühlt)
2 Thunfischfilets
(à 200 g; 6 cm dick)
Salz · Pfeffer aus der Mühle
1 EL Öl
120 g Hähnchenbrustfilet
150 g kalte Sahne
1 TL Sesamöl
1/2 TL Wasabipaste
(aus der Tube)
40 g Sesamsamen
Öl zum Frittieren

Zubereitung

FÜR 4 PERSONEN

1 Für das Chutney den Backofen auf 160 °C (Umluft) vorheizen. Die Paprika halbieren, entkernen, waschen und auf ein geöltes Backblech geben. 30 bis 35 Minuten im Backofen garen. Etwas abkühlen lassen, die Haut abziehen und die Paprika in feine Würfel schneiden. Die Backofentemperatur auf 100 °C (Ober- und Unterhitze) herunterschalten.

2 Die Mango schälen, das Fruchtfleisch zuerst vom Stein und dann in 1/2 cm kleine Würfel schneiden. Frühlingszwiebeln putzen, waschen und in feine Scheiben schneiden. Koriander waschen, trocken schütteln, die Blätter abzupfen und hacken. Alles vermischen und mit je 1 Prise gemahlenem Koriander und Zimt sowie Salz, Pfeffer und Essig würzen.

3 Für den Thunfisch den Frühlingsrollenteig auftauen lassen. Die Thunfischfilets mit etwas Salz und viel grob gemahlenem Pfeffer bestreuen. In einer Pfanne im Öl rundum 1 Minute kräftig anbraten.

4 Die Hähnchenbrust waschen, trocken tupfen und klein schneiden. Im Küchenmixer mit der Sahne, dem Sesamöl, Wasabi und 1 Prise Salz fein pürieren. Die Sesamsamen in einer Pfanne ohne Fett rösten und unter die Farce rühren.

5 Beide Frühlingsrollen-Teigblätter nebeneinanderlegen und die Farce dünn auf zwei Drittel des Teigs streichen. Die Thunfischfilets auf die untere Hälfte legen und die Blätter nach oben hin aufrollen. Die seitlichen Teigenden nach unten einschlagen.

6 Das Öl 1 cm hoch in eine Pfanne geben, erhitzen und die Teigrollen darin rundum 2 bis 3 Minuten knusprig ausbacken. Herausnehmen und auf dem Ofengitter im Backofen 15 bis 20 Minuten fertig garen.

7 Die Teigrollen mit einem Sägemesser in 1 bis 2 cm dicke Scheiben schneiden und auf dem Mango-Chutney anrichten.

Red-Snapper-Filet
auf Artischocken

Gaumenfreude hoch zwei: Der feine Fisch und das edle Distelgemüse ergänzen sich perfekt zum Meisterwerk der gehobenen Küche

Zutaten

1 großes Red-Snapper-Filet
(ca. 500 g; mit Haut)
Salz · Pfeffer aus der Mühle
Mehl zum Bestäuben
4 Schalotten
2 große Artischocken
3 EL Olivenöl
2 Schuss Weißwein
300 ml Gemüsebrühe
1/2 Bund Estragon

Zubereitung

FÜR 2 PERSONEN

1 Das Fischfilet auf Gräten kontrollieren und diese, falls nötig, entfernen. Die Haut mit einem scharfen Messer in Abständen von 1 cm einritzen. Das Filet auf beiden Seiten mit Salz und Pfeffer würzen und auf der Hautseite mit Mehl bestäuben.

2 Die Schalotten schälen und in Scheiben schneiden. Von den Artischocken den Stiel abtrennen, die Hüllblätter zu zwei Dritteln abschneiden und die verbleibenden Hüllblätter rund um die Artischockenböden abschneiden. Das »Heu« mit einem Teelöffel auslösen. Die Artischockenböden in Stücke schneiden. In einem Bräter die Schalotten in 1 EL Olivenöl andünsten, die Artischocken dazugeben, mitdünsten und mit Salz und Pfeffer würzen. Mit Weißwein ablöschen, die Brühe dazugeben und aufkochen lassen.

3 Den Fisch bei mittlerer Hitze in 2 EL Olivenöl auf der Hautseite braten. Den Backofen auf 100 °C vorheizen. Estragon waschen, trocken schütteln und auf den Artischocken verteilen. Das Fischfilet mit der Hautseite nach oben darauflegen und im Ofen 20 bis 30 Minuten schmoren. Das Fischfilet herausnehmen und im Backofen warm halten. Den Estragon entfernen, die Artischocken salzen und pfeffern. Den Fisch portionieren und mit den Artischocken anrichten.

Tipp

Dazu passt ein Tomaten-Chutney: 150 g Tomaten aus der Dose in 1/2 TL karamellisiertem braunem Zucker mit einigen Speckwürfeln 10 bis 15 Minuten sämig einkochen. Mit Salz und Cayennepfeffer würzen.

Lachsforellenfilet
mit Prosecco-Sahne-Sauce

Zutaten

4 Möhren

2 grüne Zucchini

1 gelber Zucchino

4 Lachsforellenfilets

(à 220–250 g)

1 TL Zitronensaft

2 EL Knoblauchöl

200 ml Prosecco

200 g Sahne

1 Döschen Safranfäden (0,1 g)

Salz

weißer Pfeffer aus der Mühle

Zubereitung

FÜR 4 PERSONEN

1 Die Möhren putzen und schälen. Die Zucchini putzen und waschen. Beides in lange Streifen schneiden. Den Backofen auf 100 °C vorheizen.

2 Die Lachsforellenfilets mit Zitronensaft beträufeln und etwa 5 Minuten ziehen lassen. Das Öl in einer ofenfesten Pfanne erhitzen und das Gemüse darin andünsten. Jeweils drei Viertel des Proseccos und der Sahne angießen und erhitzen. Die Fischfilets darauflegen und mit drei Viertel des Safrans bestreuen. Im vorgeheizten Ofen 20 bis 25 Minuten garen.

3 In der Zwischenzeit die restliche Sahne mit dem restlichen Prosecco und Safran langsam erwärmen, mit Salz und Pfeffer abschmecken und mit dem Pürierstab kräftig aufmixen, bis die Sauce schäumt.

4 Das Gemüse mit den Filets auf vorgewärmten Tellern anrichten, mit der Sauce begießen und nach Belieben mit Zitronenmelisse garnieren.

Heilbuttfilet

mit Spinat und Blumenkohl

Zutaten

200 g Blumenkohlröschen

200 g kleine Tomaten

200 g Spinat

2 Knoblauchzehen

Salz · 2 EL Olivenöl

Pfeffer aus der Mühle

1 TL gemahlener Kreuzkümmel

350 g Heilbuttfilet

(küchenfertig; mit Haut)

1 EL Zitronensaft

1 EL Butter

2 EL gehackte Petersilie

Zubereitung

FÜR 2 PERSONEN

1 Blumenkohlröschen waschen und, falls nötig, kleiner schneiden. Tomaten waschen und achteln. Spinat putzen, waschen und verlesen. Knoblauch schälen und in Scheiben schneiden.

2 Den Blumenkohl in kochendem Salzwasser etwa 7 Minuten blanchieren, herausnehmen, abschrecken und abtropfen lassen. Dann das Öl in einer Pfanne erhitzen, Blumenkohl hineingeben, mit Salz, Pfeffer und Kreuzkümmel würzen. Den Spinat dazugeben und zusammenfallen lassen. Zum Schluss die Tomaten hinzufügen und kurz erhitzen. Mit Salz und Pfeffer abschmecken.

3 Den Backofen auf 100 °C vorheizen. Das Fischfilet in Portionsstücke schneiden, mit Zitronensaft beträufeln und mit Salz und Pfeffer würzen. Die Butter erhitzen und das Fischfilet darin auf beiden Seiten etwa 1 Minute kräftig anbraten. Herausnehmen und mit dem Gemüse in eine ofenfeste Form geben. Im Backofen 20 bis 25 Minuten gar ziehen lassen.

4 Den Knoblauch im Bratfett kurz anbraten und die Petersilie unterrühren. Zum Servieren die Mischung auf dem Fisch verteilen.

Forellen
mit Gewürzbutter

Fisch muss schwimmen? Der Klassiker der guten Küche braucht für den guten Geschmack nur wenige, aber gute Zutaten

Zutaten

2 Forellen (à ca. 500 g; küchenfertig)
4 Stiele Petersilie
Salz
4 Scheiben Knoblauch
1 unbehandelte Zitrone
Mehl zum Wenden
4 EL Öl
1 EL Butter
1 EL braune Butter (siehe Tipp)
1 Scheibe Ingwer
1 Streifen unbehandelte Zitronenschale
Pfeffer aus der Mühle
1 EL gehackte Petersilie
Zitronensaft zum Beträufeln

Zubereitung

FÜR 2 PERSONEN

1 Den Backofen auf 100 °C vorheizen. Die Forellen innen und außen waschen und trocken tupfen. Die Petersilie waschen und trocken schütteln. Die Forellen innen salzen und mit je 1 Knoblauchscheibe und 1 Petersilienstiel füllen. Die Zitrone waschen, trocken tupfen und in Scheiben schneiden. Etwas Mehl auf einen Teller geben und die Forellen darin wenden.

2 Das Öl in einer großen Pfanne erhitzen und die Forellen darin bei schwacher Hitze auf beiden Seiten anbraten. Die Fische auf ein mit Backpapier ausgelegtes Backblech oder in einen Bräter legen, die restliche Petersilie und die Zitronenscheiben darauf verteilen und die Forellen im Ofen auf der mittleren Schiene 30 bis 35 Minuten saftig durchziehen lassen.

3 Das Bratfett mit Küchenpapier aus der Pfanne tupfen und die Butter sowie die braune Butter in der Pfanne zerlassen. Den restlichen Knoblauch, den Ingwer und die Zitronenschale hinzufügen, einige Minuten bei schwacher Hitze ziehen lassen, mit Salz und Pfeffer würzen. Die Forellen in die Butter geben, darin wenden und mit der Petersilie bestreuen. Die ganzen Gewürze wieder aus der Kräuterbutter entfernen.

4 Die Forellen auf große vorgewärmte Teller legen und mit der Kräuterbutter sowie etwas Zitronensaft beträufeln. Servieren Sie dazu Petersilienkartoffeln.

Tipp

Braune Butter erhalten Sie, wenn Sie Butter bei mittlerer Hitze zerlassen und langsam erhitzen, bis sie goldbraun ist. Durch ein mit Küchentuch ausgelegtes Sieb gießen und in ein Glas füllen.

Rezeptregister

Impressum

5. Auflage 2011
ISBN 978-3-89883-221-2

Grafische Gestaltung: Georg Feigl
Rezepte: ZS-Team
Redaktion: Edelgard Prinz-Korte
Herstellung: Karin Mayer, Peter Karg-Cordes
Lithografie: Christine Rühmer
Druck & Bindung in Italien

Bildnachweis

Umschlagfotos: Martina Görlach (Vorderseite); StockFood/Luzia Ellert (Rückseite oben); Stockfood/Uwe Bender (Rückseite Mitte); Stockfood/Susie Eising (Rückseite unten)

Walter Cimbal: 9 (unten); Jo Kirchherr: 8; StockFood/Klaus Arras: 104; StockFood/Uwe Bender: 30, 98–99, 108; StockFood/Harry Bischof: 95, 124; StockFood/Michael Boyny: 7 (links, 2. von unten); StockFood/Michael Brauner: 61; StockFood/Jean Cazals: 34, 125; StockFood/Susie Eising: 2–3, 10–11, 13, 15, 27, 29, 33, 36–37, 39, 41, 45, 47, 51, 59, 62–63, 65, 67, 71, 75, 87, 89, 97, 101, 107, 113, 115, 117, 118, 119, 121, 123; StockFood/Luzia Ellert: 84; StockFood/Foodcollection: 7 (links, 2. von oben und Mitte), 20, 21, 57, 58, 69, 72, 93, 127; StockFood/Foodphotography Eising: 7 (links, 1. von oben und rechts oben), 9 (oben und Mitte rechts), 19, 24, 25, 31, 48, 49, 52, 55, 66, 76, 79, 81, 83, 85, 111; StockFood/Sheri Giblin: 105; StockFood/Joff Lee Studios: 4–5; StockFood/Herbert Lehmann: 23; StockFood/Louise Lister: 43; StockFood/Peter Medilek: 42; StockFood/Karl Newedel: 6; StockFood/Paolo Nobile: 77; StockFood/Jean-François Rivière: 109; StockFood/Wolfgang Schardt: 17; StockFood/Jim Scherer: 7 (links, 1. von unten); StockFood/Studio Bonisolli: 9 (Mitte links); StockFood/Studio Lipov: 16; StockFood/Jean Charles Vaillant: 103; StockFood/Sebastian Vogt: 94; StockFood/Jan-Peter Westermann: 91; StockFood/Bernhard Winkelmann: 53, 73